Mulheres na Bíblia

no ANTIGO TESTAMENTO
Vol. 2

Publicações
Pão Diário

Mulheres na Bíblia

no ANTIGO TESTAMENTO
Vol. 2

EUNICE FAITH PRIDDY

Women in the Bible
© 2001 by ABWE Publishing under the title *Women in the Bible*.
Originally published in the USA by Bible Basics International. Odessa, Florida, 1986.
Translated and printed with permission. All rights reserved.

Tradução: Claudia Cavaretto Loftis
Revisão: Daniela Mallmann, Rita Rosário, Thaís Soler
Projeto gráfico: Audrey Novac Ribeiro
Desenho da capa: Audrey Novac Ribeiro

Dados Internacionais de Catalogação na Publicação (CIP)

Priddy, Eunice Faith
Mulheres na Bíblia: estudo devocional de Ana à mulher de Jó
Tradução: Claudia Cavaretto Loftis — Curitiba/PR, Publicações Pão Diário
Título Original: *Women in The Bible*

1. Devocional   2. Mulheres na Bíblia   3. Vida Cristã

Proibida a reprodução total ou parcial, sem prévia autorização, por escrito, da editora.
Todos os direitos reservados e protegidos pela Lei 9.610, de 19/02/1998.

Exceto quando indicado no texto, os trechos bíblicos mencionados são da edição Revista e Atualizada de João Ferreira de Almeida © 1993 Sociedade Bíblica do Brasil.

Publicações Pão Diário
Caixa Postal 4190,
82501-970 Curitiba/PR, Brasil
Email: publicacoes@paodiario.org
Internet: www.paodiariopublicacoes.com.br
Telefone: (41) 3257-4028

Código: R2802
ISBN: 978-1-60485-800-6

2.ª edição: 2011 • 4.ª impressão: 2023

Impresso na China

Sumário

Prefácio 7
1. ANA: Mulher de oração 9
2. MICAL: Primeira esposa de Davi 15
3. ABIGAIL: Mulher pacificadora 23
4. BATE-SEBA: A mãe do Rei Salomão 31
5. DUAS MÃES PROSTITUTAS: O verdadeiro amor de mãe 39
6. A RAINHA DE SABÁ: Em busca de sabedoria 45
7. JEZABEL: A rainha perversa 51
8. A VIÚVA DE SAREPTA: A mulher hospitaleira 59
9. A VIÚVA — o azeite multiplicado: Ela pagou suas dívidas 67
10. A MULHER SUNAMITA: Anfitriã generosa 73
11. ESCRAVA DE NAAMÃ: Pronta para reagir 81
12. JEOSEBA: Mulher corajosa 85
13. HULDA: Mulher honesta 91
14. ESTER: Bela e corajosa rainha: parte 1 99
15. ESTER: Bela e corajosa rainha: parte 2 105
16. A MULHER DE JÓ: A mulher observadora 113

Prefácio

Ao ler este livro, você ficará maravilhada com a quantidade de ensinamentos presentes em suas histórias, que até então lhe passavam despercebidos. Cada detalhe registrado nas Escrituras traz informações sobre o contexto em que aquelas mulheres viviam e de que maneira elas faziam a diferença com a sua participação nos acontecimentos diários.

Com estilo bastante descritivo e análise minuciosa dos detalhes que envolviam a vida das mulheres relatadas no Antigo Testamento, a autora Eunice Faith Priddy extrai lições de vida para a mulher do século 21. Eunice utiliza a sua experiência como roteirista de programas radiofônicos e o seu talento para ensinar, em amor, a vontade de Deus.

Deus, o Criador de tudo o que há, sabe melhor do que ninguém a maneira certa de vivermos para obter êxito no que fazemos. Descobrir e obedecer a Sua vontade para nós nos torna pessoas melhores e mais sábias. Aprender os princípios e valores divinos e segui-los é a melhor atitude que podemos tomar.

Portanto, compreender as lições de vida que Deus nos transmite em cada detalhe destas histórias é de grande valia. Como mulheres brasileiras, estejamos prontas para que o Senhor fale conosco e nos ajude a reconhecer o enorme desafio que temos pela frente. Que Ele nos molde e sejamos um instrumento nas mãos de Deus para fazer a diferença na vida de todos que nos cercam.

Aproveite os tópicos para discussão ao final de cada capítulo para contextualizar os ensinamentos que cada mulher na Bíblia nos deixou como legado.

Capítulo 1

Ana
Mulher de oração

ANA É RECONHECIDA COMO uma mulher de oração. O que é oração? Oração é a comunicação entre uma pessoa e Deus. A oração pode ser feita em voz alta ou silenciosamente. Oração também é escutar a Deus, louvá-lo por quem Ele é, e por tudo que Ele tem feito; é pedir perdão por nossos pecados e apresentar pedidos em nosso favor e em favor de outros. Na oração expressamos sentimentos tais como: dor, frustração, decepção ou alegria, prazer e agradecimento. Oração é simplesmente compartilhar tudo e qualquer coisa com Deus. A oração implica em termos fé em Deus quando falamos com Ele.

Podemos ler sobre oração e aprender muito com orações de outras pessoas, mas o mais importante é orar. Quando falamos com Deus em oração, nós o vemos responsivo, e Ele se torna real para nós. Ana teve essa experiência com Deus em sua vida.

Ana: mulher e esposa

Ana foi mãe do profeta Samuel. Ela é uma das mulheres mais conhecidas da Bíblia porque orou a Deus pedindo-lhe um filho.

Ela foi uma das mulheres de Elcana. Sua outra esposa, Penina, tinha vários filhos, mas Ana não os tinha. Penina provocava muito a vida de Ana pois esta era estéril e não podia dar filhos a Elcana.

A Bíblia relata que Elcana amava Ana mais do que amava Penina. Em 1 Samuel, descobrimos que ambos eram um casal que amava e temia a Deus. Sabiam que era necessário ter um relacionamento pessoal com Deus para que suas orações fossem ouvidas.

Esse mesmo relacionamento pessoal é obtido, hoje, através da fé em Jesus Cristo que morreu na cruz para pagar nossos pecados. Lemos em 1 Timóteo 2:5: *Porquanto há um só Deus e um só mediador entre Deus e os homens, Cristo Jesus, homem.*

Cada ano Elcana e suas esposas viajavam do monte onde viviam até a cidade de Siló para oferecer sacrifícios de acordo com a lei do Antigo Testamento. Durante essas viagens, Penina atormentava Ana constantemente. Entretanto, Elcana amava Ana. Como ela não tinha filhos, ele lhe oferecia uma porção dupla do banquete que ocorria depois do sacrifício, todos os anos.

Ana se sentia muito pressionada. Algumas de nós, também experimentamos certos tipos de pressões. O mais importante é como lidamos com as pressões. A Bíblia não nos diz que

Ana tentou vingar-se de Penina. Nada indica que Ana estava brava com seu marido por ter outra esposa. Não encontramos nenhum registro de que ela culpava Deus por sua esterilidade. Ela continuou com suas responsabilidades de esposa. Devido ao fato de chorar muito e não comer, seu marido sabia que ela estava muito infeliz e perguntou-lhe: *Não te sou eu melhor do que dez filhos?* (1 Samuel 1:8).

A fervorosa oração de Ana

O que Ana fez em sua angústia? Ela abriu seu coração a Deus por meio de uma oração silenciosa. Não podia expressar com palavras seus sentimentos mais íntimos, mas mesmo assim, ela orou. Então, como se não fosse suficiente a dor que sentia, o sacerdote Eli, interpretou mal seu comportamento e acusou-a de estar embriagada. Lemos a história em 1 Samuel 1:12-18:

> [12] Demorando-se ela no orar perante o Senhor, passou Eli a observar-lhe o movimento dos lábios, [13] porquanto Ana só no coração falava; seus lábios se moviam, porém não se lhe ouvia voz nenhuma; por isso, Eli a teve por embriagada [14] e lhe disse: Até quando estarás tu embriagada? Aparta de ti esse vinho! [15] Porém Ana respondeu: Não, senhor meu! Eu sou mulher atribulada de espírito; não bebi nem vinho nem bebida forte; porém venho derramando a minha alma perante o Senhor. [16] Não tenhas, pois, a tua serva por filha de Belial; porque pelo excesso da minha ansiedade e da minha aflição é que tenho falado até agora. [17] Então, lhe respondeu Eli: Vai-te em paz, e o Deus de Israel te

conceda a petição que lhe fizeste. ¹⁸E disse ela: Ache a tua serva mercê diante de ti. Assim, a mulher se foi seu caminho e comeu, e o seu semblante já não era triste.

Ana é um exemplo de fé, pois após orar, acreditou. Ela confiava tanto em Deus que mudou completamente e alegrou-se. Oramos com esse tipo de fé? Apesar de orarmos, frequentemente nos preocupamos.

Jesus disse aos seus discípulos em Mateus 6:30-33:

³⁰Ora, se Deus veste assim a erva do campo, que hoje existe e amanhã é lançada no forno, quanto mais a vós outros, homens de pequena fé? ³¹Portanto, não vos inquieteis, dizendo: Que comeremos? Que beberemos? Ou: Com que nos vestiremos? ³²Porque os gentios é que procuram todas estas coisas; pois vosso Pai celeste sabe que necessitais de todas elas; ³³buscai, pois, em primeiro lugar, o seu reino e a sua justiça, e todas estas coisas vos serão acrescentadas.

Deus respondeu a oração de Ana! Ela concebeu e deu à luz a um filho. Ela o chamou Samuel, que significa *do Senhor o pedi* (1 Samuel 1:20). Cada vez que Ana falava o nome de seu filho, ela recordava o que Deus havia feito por ela.

Ana mantém sua promessa

Ana prometeu dedicar seu filho ao Senhor. Depois que ele nasceu, Ana ficou com ele até o desmame, provavelmente até aos três anos. Então, ela retornou à casa de Deus e deixou seu filho com o sacerdote Eli, onde o menino trabalhou para o Senhor. Aqui estão as palavras que Ana falou ao sacerdote Eli, conforme lemos em 1 Samuel 1:26-28:

> ²⁶E disse ela: Ah! Meu senhor, tão certo como vives, eu sou aquela mulher que aqui esteve contigo, orando ao SENHOR. ²⁷Por este menino orava eu; e o SENHOR me concedeu a petição que eu lhe fizera. ²⁸Pelo que também o trago como devolvido ao SENHOR, por todos os dias que viver; pois do SENHOR o pedi. E eles adoraram ali o SENHOR.

Mais uma vez, observe a fé que Ana demonstrou. Ela confiou completamente que Deus cuidaria de seu filho. Você consegue imaginar como deve ter sido difícil para ela deixar Samuel? A Bíblia relata que Ana o via somente uma vez por ano, quando ia à casa de Deus para adorá-lo. Todos os anos ela fazia uma pequena túnica e levava para ele. Depois de cada visita, ela tinha que retornar para sua casa outra vez. Mas mesmo assim, ela manteve sua promessa a Deus. O Senhor foi bondoso com Ana, e ela engravidou e deu à luz três filhos e duas filhas (1 Samuel 2:21).

Lições da vida de Ana

O que podemos aprender com Ana? Podemos perceber o valor de dedicarmos nossos filhos a Deus. Pense no tempo em que Ana deve ter empregado ensinando ternamente Samuel durante sua infância. Ela provavelmente o ensinou sobre Deus, o valor da oração, como ele fora o fruto de resposta de oração, e que ele havia nascido para servir ao Senhor. Devemos pedir a Deus que nos ajude a sermos influência divina nas vidas de nossos filhos.

A história de Ana nos ensina outra lição: não podemos subestimar as feridas e danos que nossas palavras podem causar a outros. Com frequência, somos rápidos em falar palavras duras ou sem pensar. As palavras de Penina causaram muita dor na vida de Ana. Tiago 3:5 diz: *Assim, também a língua, pequeno órgão, se gaba de grandes cousas. Vede como uma põe em brasas tão grande selva!*

Ana também foi mal interpretada pelo sacerdote Eli. É fácil julgar as pessoas incorretamente por suas ações. Ana nos ensina como nos defender com humildade. Ela não se irou contra Eli, mas sim, respeitou sua posição, e explicou-lhe o que estava sentindo e quais eram seus motivos.

Pensamentos finais

Ana é um maravilhoso exemplo de mulher que confiou a Deus seu problema. Ela também foi uma mãe piedosa que orou por seu filho e consagrou-o totalmente a Deus. Ela experimentou a confiança do Salmo 34:19: *Muitas são as aflições do justo, mas o SENHOR de todas o livra.*

Tópicos para discussão

1. Mencione três maneiras em que Ana foi um bom exemplo sobre como viver sob pressões.
2. Enumere três palavras que descrevem a oração de Ana.
3. Como você descreveria sua vida de oração?
4. Você se lembra de uma ocasião em que alguém a feriu com palavras? Qual foi sua reação?
5. De que modo Ana foi um exemplo de mãe virtuosa?

Capítulo 2

Mical
Primeira esposa de Davi

Depois da era dos juízes, as pessoas de Israel reivindicaram um rei, apesar de não ser o que Deus tinha planejado para eles. O primeiro rei de Israel foi Saul.

O rei Saul foi o pai de Mical. Seu irmão Jônatas era o melhor amigo de Davi. Talvez Mical tenha conhecido Davi quando ele visitou Jônatas.

O casamento de Mical com Davi

A irmã mais velha de Mical, chamada Merabe, havia sido prometida como esposa de Davi por Saul, como recompensa por sua luta contra os filisteus. A Bíblia diz que o rei Saul mudou de ideia quando se aproximou o momento de entregar Merabe em casamento. A história é narrada em 1 Samuel 18:14-15,17,19:

Mical

¹⁴Davi lograva bom êxito em todos os seus empreendimentos, pois o SENHOR era com ele. ¹⁵Então, vendo Saul que Davi lograva bom êxito, tinha medo dele. [...] ¹⁷Disse Saul a Davi: Eis aqui Merabe, minha filha mais velha, que te darei por mulher; sê-me somente filho valente e guerreia as guerras do SENHOR; porque Saul dizia consigo: Não seja contra ele a minha mão, e sim a dos filisteus. [...] ¹⁹Sucedeu, porém, que, ao tempo em que Merabe, filha de Saul, devia ser dada a Davi, foi dada por mulher a Adriel, meolatita.

Os israelitas estavam contentes com Davi por suas ações heróicas e entoavam-lhe louvores. Vendo isso, o rei Saul sentiu ciúmes de Davi, causando danos a todos. Ele tentou matar Davi várias vezes. Saul tentou matar Davi quando percebeu que sua filha Mical o amava, elaborando um plano contra Davi, dizendo que seu dote matrimonial consistia em 100 prepúcios de filisteus. Saul tinha certeza que Davi seria morto pelos filisteus quando cumprisse esta tarefa. A história continua em 1 Samuel 18:20-21,25,27,29:

²⁰Mas Mical, a outra filha de Saul, amava a Davi. Contaram-no a Saul, e isso lhe agradou. ²¹Disse Saul: Eu lha darei, para que ela lhe sirva de laço e para que a mão dos filisteus venha a ser contra ele. Pelo que Saul disse a Davi: Com esta segunda serás, hoje, meu genro. [...] ²⁵Então, disse Saul: Assim direis a Davi: O rei não deseja dote algum, mas cem prepúcios de filisteus, para tomar vingança dos inimigos do rei. Porquanto

Saul tentava fazer cair a Davi pelas mãos dos filisteus. [...] ²⁷dispôs-se Davi e partiu com os seus homens, e feriram dentre os filisteus duzentos homens; trouxe os seus prepúcios e os entregou todos ao rei, para que lhe fosse genro. Então, Saul lhe deu por mulher a sua filha Mical. [...] ²⁹Então, Saul temeu ainda mais a Davi e continuamente foi seu inimigo.

Mical salva a vida de Davi

O rei Saul continuou a conspirar contra Davi. A Bíblia não descreve a reação de Mical em relação ao ódio que seu pai sentia por seu marido, a quem ela amava, mas o ciúme de seu pai por seu marido colocou-a em uma situação difícil. Seu plano para salvar a vida de seu esposo, mostra seus sentimentos por Davi, conforme lemos em 1 Samuel 19:10-12:

> ¹⁰Procurou Saul encravar a Davi na parede, porém ele se desviou do seu golpe, indo a lança ferir a parede; então, fugiu Davi e escapou. ¹¹Porém Saul, naquela mesma noite, mandou mensageiros à casa de Davi, que o vigiassem, para ele o matar pela manhã; disto soube Davi por Mical, sua mulher, que lhe disse: Se não salvares a tua vida esta noite, amanhã serás morto. ¹²Então, Mical desceu Davi por uma janela; e ele se foi, fugiu e escapou.

Davi fugiu do rei Saul com a ajuda de Mical. Seu pai exigiu que Davi fosse vê-lo, mas Mical tomou "um ídolo do lar e o deitou na cama, pôs-lhe na cabeça uma almofada de pêlos de

cabra e o cobriu com um manto", e disse ao rei que Davi estava doente. Então Saul ordenou aos seus homens que trouxessem Davi em sua cama até ele. Imagine a fúria do rei ao descobrir que fora enganado outra vez.

Sob circunstâncias normais, é incorreto desobedecer ao pai ou resistir à autoridade legítima. Porém, nesse caso, Mical demonstrou forte oposição ao seu pai, que se tornara insano em consequência de seu ódio por Davi. Ela demonstrou grande valentia ao salvar a vida de seu marido. Mesmo assim, conforme lemos em 1 Samuel, Davi foi forçado a viver exilado como um foragido.

Saul entrega Mical a outro homem

Com Davi fora de seu caminho — pelo menos por um tempo — o rei Saul fez todos os preparativos para que Mical fosse a esposa de Paltiel. Quando Davi retornou e tornou-se um rei, ele exigiu que Mical retornasse a ele. Lemos em 2 Samuel 3:15-16 que Paltiel chorou quando Mical foi tirada dele.

Mical despreza Davi

Quando Davi tornou-se rei, ele trouxe a arca da aliança de volta a Jerusalém. Ele escolheu 30 mil homens de Israel para buscarem a arca. Enquanto eles marchavam para Jerusalém, Davi alegrou-se de tal maneira que se pôs a dançar. O livro de 2 Samuel 6:14-17, 20-23 descreve a reação de Mical perante esta cena.

> [14] Davi dançava com todas as suas forças diante do Senhor; e estava cingido de uma estola sacerdotal de linho. [15] Assim, Davi, com todo o Israel, fez subir a arca

do SENHOR, com júbilo e ao som de trombetas. [16]Ao entrar a arca do SENHOR na Cidade de Davi, Mical, filha de Saul, estava olhando pela janela e, vendo ao rei Davi, que ia saltando e dançando diante do SENHOR, o desprezou no seu coração. [17]Introduziram a arca do SENHOR e puseram-na no seu lugar, na tenda que lhe armara Davi; e este trouxe holocaustos e ofertas pacíficas perante o SENHOR. [...] [20]Voltando Davi para abençoar a sua casa, Mical, filha de Saul, saiu a encontrar-se com ele e lhe disse: Que bela figura fez o rei de Israel, descobrindo-se, hoje, aos olhos das servas de seus servos, como, sem pejo, se descobre um vadio qualquer! [21]Disse, porém, Davi a Mical: Perante o SENHOR, que me escolheu a mim antes do que a teu pai e a toda a sua casa, mandando-me que fosse chefe sobre o povo do SENHOR, sobre Israel, perante o SENHOR me tenho alegrado. [22]Ainda mais desprezível me farei e me humilharei aos meus olhos; quanto às servas, de quem falaste, delas serei honrado. [23]Mical, filha de Saul, não teve filhos, até ao dia da sua morte.

Estes versículos mostram o ressentimento de Mical. Talvez ela não entendesse o significado da arca da aliança ou o zelo de Davi pelo Senhor. Fosse qual fosse a relação de Mical com o Senhor, ela não deveria ter repreendido publicamente seu marido por suas ações. A Bíblia diz que no final, ela nunca teve filhos.

Podemos notar um grande contraste entre Mical quando a encontramos, pela primeira vez, e após alguns anos. No início,

ela amava profundamente a Davi, e termina desprezando-o em seu coração.

O que houve de errado? O que podemos aprender com Mical? A lição mais óbvia é sobre a desarmonia, infelicidade e tragédia que acontece quando um casal não adora ao único e verdadeiro Deus juntos. As famílias e professores precisam ajudar os jovens a compreender este importante princípio.

O amor inicial de Mical por Davi não foi suficiente para garantir um matrimônio feliz. Com frequência as pessoas querem casar-se, apesar das crenças diferentes. Imaginam que o amor mútuo sustentará a união matrimonial. Mas, não é assim que funciona.

Mical não entendeu, nem mesmo tentou entender as ações de seu marido. Ela julgou a atitude dele como incorreta e repreendeu-o publicamente. Apesar de Davi ter-se explicado, Mical não pediu perdão. Muitas vezes, julgamos indevidamente as pessoas porque não compreendemos seus motivos.

Pensamentos finais

O verdadeiro amor de Deus compartilhado entre um homem e uma mulher produz harmonia e compreensão. Um lar cristão deve ser um lugar seguro e feliz, onde maridos amam verdadeiramente suas esposas, e esposas sinceramente respeitam seus maridos. Qual é a situação em seu lar?

Tópicos para discussão

1. Como Davi e Mical tornaram-se marido e mulher?
2. De que modo eles demonstraram amor um pelo outro?

3. Por que o amor entre eles não foi suficientemente forte para manter o lar feliz?
4. O que você acredita que Deus quer que aprendamos com esta história?
5. Descreva a situação de seu lar em termos de amor, respeito e compromisso com Deus e um pelo outro.

Capítulo 3

Abigail
Mulher pacificadora

A BÍBLIA NOS DÁ MUITOS exemplos de vida familiar, mas poucos são os que podemos chamar de famílias *ideais*. Algumas eram famílias com múltiplas esposas ou esposas estéreis. Outras tinham filhos desobedientes, problemas econômicos, enfermidades, morte ou maridos e esposas que não compartilhavam da mesma fé. Como muitos desses problemas são comuns na atualidade, chegamos a pensar que estas situações são *normais*. Mas não devemos aceitar como normal aquilo que podemos melhorar com a ajuda do Pai.

Deus em Sua bondade nos dá exemplos de mulheres que viveram estas situações na *vida real* de seus lares. Podemos ver que com a ajuda de Deus, elas mantiveram as suas casas em relativa paz, apesar dos problemas. Abigail era justamente este tipo de mulher.

Antecedentes de Abigail

A história ocorre depois que Davi foi ungido como o escolhido de Deus para ser o próximo rei de Israel. Porém, o rei Saul ainda ocupava o trono e nutria um forte sentimento de ciúmes por Davi, e ainda tentava matá-lo.

Davi e seus homens perambulavam pelos campos protegendo os fazendeiros. Como recompensa, estes forneciam-lhes alimentos a eles e seus animais. Um dos fazendeiros que recebeu proteção de Davi era um homem muito rico chamado Nabal, o esposo de Abigail. Durante a temporada de tosquiar as ovelhas, Davi enviou alguns de seus homens à casa de Nabal para pedir alimento, mas este negou.

As circunstâncias de Abigail

O livro de 1 Samuel 25:2-3 nos dá uma visão sobre o lar de Abigail e Nabal:

> ²Havia um homem, em Maom, que tinha as suas possessões no Carmelo; homem abastado, tinha três mil ovelhas e mil cabras e estava tosquiando as suas ovelhas no Carmelo. ³Nabal era o nome deste homem, e Abigail, o de sua mulher; esta era sensata e formosa, porém o homem era duro e maligno em todo o seu trato. Era ele da casa de Calebe.

Nabal é descrito como alguém rude e mau. Era rico, embriagava-se constantemente. Através de outros versículos entenderemos que ele prestava culto a deuses falsos. É interessante notar que o nome Nabal significa "insensato". Ao lermos sua história percebemos que o seu nome o descrevia muito bem.

Por sua vez, Abigail é descrita como inteligente e bonita. Muitas mulheres se esmeram em parecer belas, descuidando suas mentes. Uma mulher formosa e com grande entendimento constitui uma das obras-primas de Deus.

Abigail e Davi

Davi e seus homens haviam sido bondosos com Nabal, e Davi enviou dez de seus homens em missão de paz, pedindo a Nabal o que lhes era devido. Quando este se negou a dar-lhes de comer, Davi decidiu matar Nabal e toda a sua gente. Um dos servos de Nabal escutou sobre o plano e contou para Abigail, rogando-lhe que fizesse algo. Perceba que o servo dirigiu-se a ela e não a seu mestre. Abigail agiu imediatamente. Sem dizer nada a seu esposo, levou pessoalmente a Davi e seus homens tanto suprimento quanto ela achou necessário para alimentá-los.

Quando a ira de Davi estava em seu auge, Abigail foi ao seu encontro, prostrou-se aos seus pés e presenteou-o com os alimentos. Com atitude de humildade, aceitou a culpa pelas ações de seu marido e explicou a Davi que a atitude insensata de Nabal era uma característica de sua personalidade. Abigail reconheceu que os homens de Davi haviam sido bons protetores, e rogou-lhe que poupasse a vida de seu marido e sua casa.

Abigail poderia ter sido tentada a permitir que Davi matasse Nabal, o que legalmente a livraria de um matrimônio infeliz. Imagine você com que frequência Abigail se desculpava do comportamento de seu marido. No entanto, ela se manteve

fiel. Lemos em 1 Pedro 3:1,5 sobre o relacionamento entre maridos e mulheres:

> ¹Mulheres, sede vós, igualmente, submissas a vosso próprio marido, para que, se ele ainda não obedece à palavra, seja ganho, sem palavra alguma, por meio do procedimento de sua esposa, [...] ⁵Pois foi assim também que a si mesmas se ataviaram, outrora, as santas mulheres que esperavam em Deus, estando submissas a seu próprio marido,

A oferta de paz e a serenidade de Abigail aplacaram a ira de Davi. Ela não o censurou, mas usou palavras dóceis e sábias, lembrando-o de que Deus o escolhera para ser rei e que ele não deveria reagir com ira. Ela sabia que a vingança pertence a Deus. Davi também reconhecia, portanto se acalmou.

Lições da vida de Abigail

Apesar de estar casada com um homem rude e dado ao vício da embriaguez, Abigail não se amargurou. Não se queixou nem se lastimou de si mesma movida pelo ódio. Aceitou suas circunstâncias e com espírito de gratidão assumiu suas responsabilidades.

Abigail interveio no momento correto, e essa é uma das lições que podemos aprender de seu exemplo. Quando temos sabedoria para compartilhar, coragem para agir e ajuda para oferecer, não devemos ter dúvida em agir, independente dos riscos envolvidos. A missão de paz de Abigail teve êxito e uma vez cumprida, retornou para sua casa com seu esposo tolo e reassumiu sua difícil lida. Não tratou de abandoná-lo nem pedir o divórcio. Ela havia jurado viver com ele nos bons e maus momentos. Com certeza, sua vida incluía *maus momentos*.

A solução divina

A história de Abigail continua em 1 Samuel 25: 36-38:

> ³⁶Voltou Abigail a Nabal. Eis que ele fazia em casa um banquete, como banquete de rei; o seu coração estava alegre, e ele, já mui embriagado, pelo que não lhe referiu ela coisa alguma, nem pouco nem muito, até ao amanhecer. ³⁷Pela manhã, estando Nabal já livre do vinho, sua mulher lhe deu a entender aquelas coisas; e se amorteceu nele o coração, e ficou ele como pedra. ³⁸Passados uns dez dias, feriu o Senhor a Nabal, e este morreu.

Abigail demonstrou ter grande caráter e fé pela forma que confiou no tempo de Deus, com respeito à vida de seu marido. A Bíblia jamais menciona as tentativas de Abigail para mudar Nabal, nem qualquer tentativa de finalizar seu casamento. Ela sofria devido ao comportamento de seu marido, mas se manteve firme na sua condição de esposa, trabalhando para manter a paz.

Quando Davi soube da morte de Nabal, tomou Abigail por esposa. Deus não promete que sempre removerá nossos problemas, mas Ele promete estar conosco em nossos problemas. A solução de Deus para a difícil vida doméstica de Abigail veio em Seu tempo e Sua maneira. Possivelmente, Abigail sentiu a

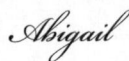

perda de seu marido a quem tinha sido fiel, porém, aceitou a soberania de Deus.

Pensamentos finais

Abigail era uma mulher pacificadora. A paz pode ser descrita de muitas maneiras. No momento de sua salvação, os cristãos recebem a paz com Deus. *Justificados, pois, mediante a fé, temos paz com Deus por meio de nosso Senhor Jesus Cristo* (Romanos 5:1).

Em nosso andar diário, podemos experimentar a paz de Deus. *Não andeis ansiosos de coisa alguma; em tudo, porém, sejam conhecidas, diante de Deus, as vossas petições, pela oração e pela súplica, com ações de graças. E a paz de Deus, que excede todo o entendimento, guardará o vosso coração e a vossa mente em Cristo Jesus* (Filipenses 4:6-7).

Paz mental — a capacidade de dormir sem preocupar-se, é um testemunho aos que nos cercam, de que o Príncipe da Paz trabalha e habita em nosso interior.

Antes de partir da terra, Jesus disse a Seus discípulos: *Deixo-vos a paz, a minha paz vos dou; não vo-la dou como a dá o mundo. Não se turbe o vosso coração, nem se atemorize* (João 14:27).

Você tem paz em sua vida? O seu lar é um lugar de paz? Você tenta manter a paz na sua família? Outros a consideram uma pacificadora?

De que modo você pode ser uma mulher de paz como Abigail? Deus nos dá a resposta em Isaías 26:3-4:

> ³Tu, SENHOR, conservarás em perfeita paz aquele cujo propósito é firme; porque ele confia em ti. ⁴Confiai

no Senhor perpetuamente, porque o Senhor Deus é uma rocha eterna;

Tópicos para discussão
1. Descreva o matrimônio de Abigail.
2. De que maneira Abigail demonstrou a santidade descrita em 1 Pedro 3:1-6.
3. Mencione três características da personalidade de Abigail.
4. Que características ela demonstrou nos momentos de crise?
5. Como você pode ser uma mulher que promove a paz?

Capítulo 4

Bate-Seba
A mãe do rei Salomão

Israel guerreava, porém, o rei Davi não estava à frente de seus comandados na batalha, como era sua obrigação. Nessa época, ele já tinha reinado por 12 anos e decidira permanecer em casa ao invés de ir à guerra. Por não estar onde devia, ele pecou.

Bate-Seba era a esposa de Urias, um hitita, fiel soldado do exército do rei Davi. Urias estava lutando por Israel. O relato verídico está em 2 Samuel 11:1-5:

> ¹Decorrido um ano, no tempo em que os reis costumam sair para a guerra, enviou Davi a Joabe, e seus servos, com ele, e a todo o Israel, que destruíram os filhos de Amom e sitiaram Rabá; porém Davi ficou em Jerusalém. ²Uma tarde,

levantou-se Davi do seu leito e andava passeando no terraço da casa real; daí viu uma mulher que estava tomando banho; era ela mui formosa. ³Davi mandou perguntar quem era. Disseram-lhe: É Bate-Seba, filha de Eliã e mulher de Urias, o heteu. ⁴Então, enviou Davi mensageiros que a trouxessem; ela veio, e ele se deitou com ela. Tendo-se ela purificado da sua imundícia, voltou para sua casa. ⁵A mulher concebeu e mandou dizer a Davi: Estou grávida.

Pensemos cuidadosamente no relato deste texto. Davi estava em Jerusalém ao invés de estar no campo de batalha. Bate-Seba estava se banhando em seu terraço. A maior parte dos terraços nos países do Oriente Médio é plana, e com frequência, muitas atividades, tais como comer, receber visitas e dormir, ocorrem nesta área das casas. Mas, a maioria das pessoas certamente *não* se banha publicamente em seus terraços. Davi encontrava-se no terraço de seu palácio. E provavelmente, o teto era mais alto em seu palácio. Desta posição vantajosa, Davi olhou para baixo e a viu. Bate-Seba era uma mulher formosa, e apesar de Davi saber que ela era casada, mandou que a trouxessem até ele e cometeu adultério.

A responsabilidade de Bate-Seba

Quando Davi foi confrontado com seu pecado, ele aceitou toda a culpa. Mas, e Bate-Seba não era responsável? Em primeiro lugar, por que ela se banhava em público? Ela não demonstrou qualquer recato exibindo-se nua e num terraço onde podia ser vista por diversas pessoas de outras casas.

Se Bate-Seba tivesse sido uma esposa fiel e uma mulher de fortes convicções, talvez Davi e ela nunca tivessem tido esta mancha de pecado em suas histórias. Mas já que ocorreu o que a Bíblia registra, vejamos o que quer nos ensinar o Senhor acerca das consequências do pecado.

A reação de Davi

Quando Davi soube que Bate-Seba estava grávida, tramou um plano para ocultar seu pecado. Davi ordenou que o marido dela regressasse do campo de batalha à sua casa. Davi supôs que este dormiria com sua esposa. Desta forma, quando soubesse que Bate-Seba estava grávida, pareceria óbvio que era resultado da visita de seu esposo. Esta lhe pareceu uma boa ideia, mas o livro de 2 Samuel 11:9-11 relata o que realmente ocorreu:

> [9]Porém Urias se deitou à porta da casa real, com todos os servos do seu senhor, e não desceu para sua casa. [10]Fizeram-no saber a Davi, dizendo: Urias não desceu a sua casa. Então, disse Davi a Urias: Não vens tu de uma jornada? Por que não desceste a tua casa? [11]Respondeu Urias a Davi: A arca, Israel e Judá ficam em tendas; Joabe, meu senhor, e os servos de meu senhor estão acampados ao ar livre; e hei de eu entrar na minha casa, para comer e beber e para me deitar com minha mulher? Tão certo como tu vives e como vive a tua alma, não farei tal coisa.

Novamente, poderíamos perguntar acerca da responsabilidade de Bate-Seba. A Bíblia relata que seu marido dormiu na porta do palácio ao invés de dormir com ela. Com certeza, Bate-Seba sabia que Urias estava ali. A Bíblia não descreve se Bate-Seba foi vê-lo ou o informou de seus atos com o rei Davi, nem de sua gravidez. Ela não confessou o que aconteceu enquanto Urias estava no campo de batalha.

O plano de Davi não funcionou porque Urias era um soldado fiel. Recusou o prazer de comer e dormir em sua própria casa enquanto houvesse soldados no campo de batalha. Davi teve que pensar num plano alternativo. Enviou uma mensagem ao capitão de seu exército e lhe ordenou que colocassem Urias na frente da linha de batalha. Aos outros soldados, ordenou-lhes que se retirassem, deixando assim Urias, para que fosse assassinado. Este malévolo plano teve êxito e Urias morreu na frente de batalha. Davi praticou um ato de maldade após o outro. Primeiro, cometeu adultério, depois assassinato para encobri-lo.

As consequências

A continuidade deste acontecimento está relatada no livro de 2 Samuel 11:26-27:

> [26]Ouvindo, pois, a mulher de Urias que seu marido era morto, ela o pranteou. [27]Passado o luto, Davi mandou buscá-la e a trouxe para o palácio; tornou-se ela sua mulher e lhe deu à luz um filho. Porém isto que Davi fizera foi mau aos olhos do SENHOR.

Agora que tudo havia passado, Davi tinha o que queria; Bate-Seba era sua esposa. O bebê nasceu e não havia sinal de vergonha diante da opinião pública. Mas Deus enviou o profeta

Natã para que confrontasse Davi. Natã ouviu a confissão do grande pecado de Davi e assegurou-lhe que o Senhor o havia perdoado. Natã também informou a Davi que a criança morreria. Esta profecia se cumpriu ao morrer o bebê sete dias depois.

O pesar e a tristeza de Davi e Bate-Seba pela morte desta criança deve ter sido intenso. Sem dúvida, a morte do filho os tornou conscientes das consequências desse pecado. Contudo, Deus usou este sentimento de pesar para ajudar outros cujas perdas nada têm a ver com pecado. Não há palavras que apaguem a dor pela perda de um ente querido, mas nesta história encontramos palavras que trazem alívio às pessoas cujos bebês ou crianças de pouca idade tenham morrido. Davi disse: *Porém, agora que é morta, por que jejuaria eu? Poderei eu fazê-la voltar? Eu irei a ela, porém ela não voltará para mim* (2 Samuel 12:23). Davi sabia que veria a seu filho outra vez na ressurreição.

A morte física não constitui o final da existência; há vida após a morte, e quanto a isso podemos ter certeza. Aqueles que confiaram em Jesus Cristo como Salvador e aceitaram o que Ele fez por nossos pecados, podem ter a mesma segurança que Davi teve, pois também veremos novamente os nossos queridos.

A reação de Bate-Seba

Qual foi a reação de Bate-Seba com respeito à morte de seu filho? Derramou lágrimas de arrependimento? Aparentemente sim, porque a Bíblia descreve que Davi a consolou e que ela concebeu e deu à luz a outro filho chamado Salomão, cujo nome significa *pacificador*. Este menino poderia ter sido filho de qualquer uma das esposas de Davi, mas foi dado a Bate-Seba.

O rei Salomão sucedeu a Davi como governante de Israel. Salomão foi um rei sábio. Não encontramos muitos outros relatos sobre Bate-Seba, mas imaginamos que ela criou seu filho Salomão com cuidado, guiando-o nos caminhos do Senhor. A evidência de sua boa criação pode ser encontrada no livro de Provérbios. Neste livro, Salomão nos dá conselhos sobre como criar os filhos, de igual modo, fala também acerca do relacionamento entre o homem e a mulher.

Bate-Seba é mencionada na genealogia do Messias no Evangelho de Mateus 1:6 que diz, *Jessé gerou ao rei Davi; e o rei Davi, a Salomão, da que fora mulher de Urias.*

Deus perdoou a ambos, mas note como o nome dela é citado na genealogia. Bate-Seba é lembrada como a mulher de Urias e não de Davi.

Pensamentos finais

Bate-Seba aceitou o perdão de Deus e não permitiu que um pecado arruinasse toda sua vida. Aprendeu com seu erro e continuou com o trabalho de criar a sua família.

Às vezes, é difícil crer e aceitar o perdão de Deus e de perdoarmos a nós mesmos. As mulheres, especialmente, têm a tendência de remoer o passado. Agindo dessa forma, nos privamos de crescer espiritualmente. E nos tornamos infelizes e miseráveis. Com frequência temos o sentimento de baixa autoestima e carregamos fardos de culpas que nunca se esperava que carregássemos.

Devemos aprender com o exemplo de Davi e Bate-Seba a sermos felizes com o perdão de Deus. No Salmo 32:1,2, lemos as palavras de Davi escritas depois de haver confessado seus pecados e experimentado o perdão de Deus:

¹Bem-aventurado aquele cuja iniquidade é perdoada, cujo pecado é coberto. ²Bem-aventurado o homem a quem o Senhor não atribui iniquidade e em cujo espírito não há dolo.

Não arruíne sua vida carregando um fardo de pecado e culpa. Com um espírito de humildade, peça a Deus para perdoar seus pecados. Seja específica ao orar, não faça uma oração genérica do tipo, Se pequei, perdoa-me. Melhor é que antes de ir dormir, repasse o ocorrido durante o dia. Pergunte a si mesma se há pecado em suas ações, palavras, atitudes ou pensamentos. Mencione-os a Deus e peça-lhe perdão. Peça a Deus que a ajude a recordar os pecados que possa ter esquecido ou ignorado. A seguir, clame a promessa de Deus que nos é dada em 1 João 1:9: *Se confessarmos os nossos pecados, ele é fiel e justo para nos perdoar os pecados e nos purificar de toda injustiça.*

Tópicos para discussão

1. Em que circunstâncias Davi viu Bate-Seba pela primeira vez?
2. Qual a responsabilidade de Bate-Seba nesse incidente?
3. Davi tramou dois planos para tentar esconder seu pecado. Como e por que fracassaram os projetos de Davi?
4. Quais as consequências que Davi e Bate-Seba tiveram que enfrentar?
5. O que podemos aprender sobre o perdão de Deus nesta história?

Capítulo 5

Duas mães prostitutas
O verdadeiro amor de mãe

As mulheres, com frequência enfrentam situações que exigem sabedoria maior do que aquela que possuem. Precisamos da sabedoria divina para ajudar-nos a compreender outras pessoas corretamente.

Deus concedeu sabedoria ao rei Salomão

Esta história nos dá o que provavelmente seja o mais claro exemplo na Bíblia de como Deus pode conceder sabedoria. No livro de 1 Reis encontramos o relato do período em que Salomão tornou-se rei, temeu a Deus e o serviu. Deus estava satisfeito e disse a Salomão que lhe daria qualquer coisa que desejasse. A conversa entre Deus e o jovem rei encontra-se relatada em 1 Reis 3:5,9-10:

⁵Em Gibeão, apareceu o SENHOR a Salomão, de noite, em sonhos. Disse-lhe Deus: Pede-me o que queres que eu te dê. [...] ⁹Dá, pois, ao teu servo coração compreensivo para julgar a teu povo, para que prudentemente discirna entre o bem e o mal; pois quem poderia julgar a este grande povo? ¹⁰Estas palavras agradaram ao SENHOR, por haver Salomão pedido tal coisa.

A Bíblia diz que Salomão pediu a Deus que lhe desse um coração compreensivo para ser capaz de discernir. Essa é a verdadeira sabedoria. Deus, certamente ficou tão contente com o pedido de Salomão que não somente lhe concedeu sabedoria, mas também lhe deu muitas riquezas.

Duas mulheres apelam diante do rei

Em 1 Reis 3:16-22, depois dessa conversa entre Deus e Salomão, nos deparamos com a história de duas prostitutas que eram mães, cuja história estudaremos agora.

¹⁶Então, vieram duas prostitutas ao rei e se puseram perante ele. ¹⁷Disse-lhe uma das mulheres: Ah! Senhor meu, eu e esta mulher moramos na mesma casa, onde dei à luz um filho. ¹⁸No terceiro dia, depois do meu parto, também esta mulher teve um filho. Estávamos juntas; nenhuma outra pessoa se achava conosco na casa; somente nós ambas estávamos ali. ¹⁹De noite, morreu o filho desta mulher, porquanto se deitara sobre ele. ²⁰Levantou-se à meia-noite, e, enquanto dormia a

tua serva, tirou-me a meu filho do meu lado, e o deitou nos seus braços; e a seu filho morto deitou-o nos meus. ²¹Levantando-me de madrugada para dar de mamar a meu filho, eis que estava morto; mas, reparando nele pela manhã, eis que não era o filho que eu dera à luz. ²²Então, disse a outra mulher: Não, mas o vivo é meu filho; o teu é o morto. Porém esta disse: Não, o morto é teu filho; o meu é o vivo. Assim falaram perante o rei. ²³Então, disse o rei: Esta diz: Este que vive é meu filho, e teu filho é o morto; e esta outra diz: Não, o morto é teu filho, e o meu filho é o vivo.

É difícil imaginar o aspecto destas duas mulheres na frente do rei Salomão. Eram prostitutas, rejeitadas pela sociedade. Normalmente não lhes era dada a permissão para estar perante o rei. No entanto, ali estavam ambas, declarando ser a mãe do bebê.

Certamente Salomão recordou-se das promessas de Deus. Se houvesse algum momento de sua vida que necessitasse de sabedoria e coração compreensivo, o momento era este. A única evidência que possuía era a palavra das duas mulheres, sem outras testemunhas da troca dos bebês.

Por alguma razão estranha, a mulher cujo filho morrera estava ansiosa em ficar com a criança que estava viva. Ter um filho era uma evidência de sua vida pecaminosa. A morte de sua criança poderia ter sido uma forma simples de esconder seu pecado. Qualquer que fosse a razão, as duas mães seguiam discutindo na frente do rei e seus instintos maternais foram aparecendo com clareza.

A solução do rei

Lendo a continuação em 1 Reis 3:24-28, vemos como Deus concedeu a Salomão a sabedoria necessária para solucionar este problema.

> ²⁴Disse mais o rei: Trazei-me uma espada. Trouxeram uma espada diante do rei. ²⁵Disse o rei: Dividi em duas partes o menino vivo e dai metade a uma e metade a outra. ²⁶Então, a mulher cujo filho era o vivo falou ao rei (porque o amor materno se aguçou por seu filho) e disse: Ah! Senhor meu, dai-lhe o menino vivo e por modo nenhum o mateis. Porém a outra dizia: Nem meu nem teu; seja dividido. ²⁷Então, respondeu o rei: Dai à primeira o menino vivo; não o mateis, porque esta é sua mãe.
> ²⁸Todo o Israel ouviu a sentença que o rei havia proferido; e todos tiveram profundo respeito ao rei, porque viram que havia nele a sabedoria de Deus, para fazer justiça.

O rei Salomão reconheceu a verdadeira mãe pelas palavras pronunciadas; cada uma demonstrou a sua verdadeira identidade. A fama sobre a sabedoria do rei Salomão se espalhou por Israel. Esta breve história é usada frequentemente para exemplificar a sabedoria de Salomão. É, também, um dos exemplos mais comoventes onde é posto à prova o amor de mãe.

Não sabemos o que ocorreu com as duas mulheres depois da decisão do rei; a Bíblia guarda silêncio. Não posso deixar de perguntar-me: Por que razão Deus não nos contou mais? Talvez porque a lição que se pretende que aprendamos é sobre a fidelidade de Deus para com Salomão ao conceder-lhe a sabedoria que havia prometido, ao invés daquilo que aconteceu às mulheres.

Pensamentos finais

Deus já colocou você em uma posição de liderança? Você alguma vez pediu-lhe por sabedoria? Talvez você tenha filhos pequenos. Ao longo do dia você necessita de um coração atento para distinguir entre o que está certo ou errado. Se você tem filhos adolescentes, como eu, certamente necessita pedir sabedoria a Deus!

Em Tiago 1:5-6 Deus promete dar sabedoria:

> ⁵Se, porém, algum de vós necessita de sabedoria, peça-a a Deus, que a todos dá liberalmente e nada lhes impropera; e ser-lhe-á concedida. ⁶Peça-a, porém, com fé, em nada duvidando; pois o que duvida é semelhante à onda do mar, impelida e agitada pelo vento.

Por que a Bíblia diz que precisamos pedir sabedoria, crendo que a receberemos? A resposta é que o entendimento verdadeiro procede de Deus e se reflete em nossas vidas somente ao vivermos de maneira aceitável a Ele. O rei Salomão escreveu no livro de Provérbios 9:10 que *O temor do Senhor é o princípio da sabedoria*. A palavra *temor* usada neste versículo significa reverência em nosso relacionamento com Ele. A Bíblia nos diz que precisamos depender de Deus, e colocar nossa confiança nele. Salomão assim o fez. Falou com Deus e obteve grande sabedoria da parte dele.

É provável que pessoas que não conheçam ao Senhor como seu Salvador possam buscar em nós, mulheres cristãs, respostas às suas perguntas e problemas. Se buscarmos a sabedoria divina, tal como Salomão, podemos testificar perante outros que Deus pode solucionar os problemas da vida.

Se você não tem fé pessoal em Deus, não pode esperar pela sabedoria divina. Para ter esse relacionamento, é preciso crer no Senhor Jesus Cristo e aceitar sua morte na cruz como pagamento por seus pecados. O livro de Efésios 2:8-9 nos explica assim:

> [8]Porque pela graça sois salvos, mediante a fé; e isto não vem de vós; é dom de Deus; [9]não de obras, para que ninguém se glorie.

Após receber o presente da salvação, você pode pedir a Deus pela sabedoria necessária para cada dia, para ajudar aos que procuram conselhos para solução de seus problemas.

Tópicos para discussão

1. Qual teria sido o propósito de Deus ao incluir esta história na Bíblia?
2. Como Salomão recebeu a sabedoria que possuía?
3. É errado pedir a Deus por este tipo de compreensão em sua vida? Cite o versículo da Bíblia em que Deus promete conceder sabedoria.
4. Qual é o limite que o amor de uma mãe pode alcançar?
5. Você se lembra de alguma vez em que a sabedoria de outrem a ajudou? Ou quando a sua sabedoria ajudou outra pessoa?

Capítulo 6

A rainha de Sabá
Em busca de sabedoria

A rainha e o rei Salomão
Como mulheres, muitas vezes desejamos o que não temos. Neste estudo veremos que a rainha de Sabá, embora tivesse todos os bens materiais mundanos que desejava, ainda assim, ansiava por sabedoria. Ela ouvira sobre a sabedoria do rei Salomão, e foi ao encontro dele para questioná-lo e ouvir suas respostas. Lemos em 1 Reis 4:31, que o rei Salomão era o homem mais sábio de toda a terra. Por esse motivo, provavelmente, era extremamente ocupado. Ao estudar esta história verídica me impressionou o fato de Deus ter separado um momento para responder às perguntas da rainha.

Quando Salomão tornou-se rei, Deus disse-lhe que pedisse qualquer coisa que quisesse. Salomão pediu sabedoria, ao invés de riqueza, fama, poder ou qualquer outra coisa. Deus lhe concedeu sabedoria e também grandes riquezas e honra, as quais ele não havia solicitado. Esta promessa a Salomão encontra-se no livro de 1 Reis 3:10-12:

> [10]Estas palavras agradaram ao Senhor, por haver Salomão pedido tal coisa. [11]Disse-lhe Deus: Já que pediste esta coisa e não pediste longevidade, nem riquezas, nem a morte de teus inimigos; mas pediste entendimento, para discernires o que é justo; [12]eis que faço segundo as tuas palavras: dou-te coração sábio e inteligente, de maneira que antes de ti não houve teu igual, nem depois de ti o haverá.

A visita da rainha

O Senhor cumpriu o que havia prometido. Ele abençoou o rei Salomão de muitas maneiras. A fama do rei se estendeu por todos os países vizinhos. A rainha de Sabá ouviu falar sobre ele, como lemos em 1 Reis 10:1-3:

> [1]Tendo a rainha de Sabá ouvido a fama de Salomão, com respeito ao nome do SENHOR, veio prová-lo com perguntas difíceis. [2]Chegou a Jerusalém com mui grande comitiva; com camelos carregados de especiarias, e muitíssimo ouro, e pedras preciosas; compareceu perante Salomão e lhe expôs tudo quanto trazia em sua mente. [3]Salomão lhe deu resposta a todas as perguntas, e nada lhe houve profundo demais que não pudesse explicar.

Ela cumpre seu objetivo

A rainha de Sabá veio do sul de Jerusalém, para prová-lo com perguntas difíceis, como a Bíblia claramente relata em 1 Reis 10:1.

Sua visita foi muito diferente das pessoas de outras nações, que, por temerem o poder de Israel, vinham para fazer as pazes com o rei Salomão. A rainha de Sabá buscava respostas às perguntas que guardava no íntimo de seu coração. Ela estava sedenta pela verdade.

A Bíblia termina a história dizendo que Salomão respondeu a todas as perguntas feitas por ela. Não sabemos quais tipos de perguntas foram feitas, mas o importante foi que Deus assegurou que todas fossem respondidas.

Ela reconhece Deus

A rainha viu toda a riqueza do rei Salomão e observou como seus criados comiam. De igual modo, considerou a grande extensão de seu reino. Viu o templo que Salomão havia construído para Deus. Lemos suas conclusões em 1 Reis 10:6-9:

> ⁶e disse ao rei: Foi verdade a palavra que a teu respeito ouvi na minha terra e a respeito da tua sabedoria. ⁷Eu, contudo, não cria naquelas palavras, até que vim e vi com os meus próprios olhos. Eis que não me contaram a metade: sobrepujas em sabedoria e prosperidade a fama que ouvi. ⁸Felizes os teus homens, felizes estes teus servos, que estão sempre diante de ti e que ouvem a tua sabedoria! ⁹Bendito seja o Senhor, teu Deus, que se agradou de ti para te colocar no trono de Israel;

é porque o S*enhor* ama a Israel para sempre, que te constituiu rei, para executares juízo e justiça.

Você percebeu que a rainha de Sabá deu seu reconhecimento a Deus? Ela reconheceu que a sabedoria e as riquezas de Salomão foram bênçãos de Deus. Não sabemos se ela se tornou uma seguidora do verdadeiro Deus, mas ela o reconheceu.

O reconhecimento por si só não é suficiente

A rainha sabia que Deus era o único que tinha abençoado Israel. Ela também sentiu respeito por Ele. Porém, isso não significa que ela o aceitou pessoalmente como seu único Deus. Hoje em dia, muitas pessoas são como a rainha de Sabá. Talvez, você seja como ela. Não se engane, simplesmente, reconhecer a existência de Deus não significa que você tenha um relacionamento pessoal com Ele que durará por toda a eternidade. Você deve aceitar este relacionamento pessoal com Ele através de Seu Filho, Jesus Cristo. O livro de Atos 4:12 explica claramente: *E não há salvação em nenhum outro; porque abaixo do céu não existe nenhum outro nome, dado entre os homens, pelo qual importa que sejamos salvos.*

A Bíblia continua dizendo que depois que a rainha de Sabá e o rei Salomão trocaram presentes, ela retornou ao seu país. Só nos resta confiar que a sabedoria que ela buscou e as respostas recebidas tornaram-se parte de sua vida, e que ela compartilhou o que tinha visto e ouvido com as pessoas em seu país.

Jesus fala sobre a rainha de Sabá

A Palavra de Deus não registra nada mais sobre a visita da rainha de Sabá a Salomão, até 900 anos depois, quando Jesus veio à Terra. Durante o ministério de Jesus, os líderes religiosos se negaram a aceitar que Jesus Cristo era o Messias. Quando Jesus lhes dizia quão cegos eram para a verdade, usou como exemplo a rainha de Sabá. Jesus disse em Mateus 12:42: *A rainha do Sul se levantará, no Juízo, com esta geração e a condenará; porque veio dos confins da terra para ouvir a sabedoria de Salomão. E eis aqui está quem é maior do que Salomão.*

Jesus colocou a rainha de Sabá em uma condição superior a dos líderes religiosos, pois ela viajou de muito longe para ouvir Salomão. Jesus Cristo, Deus encarnado, encontrava-se ali mesmo com eles. Ele era maior que Salomão, mas mesmo assim se recusaram a ouvir Sua verdade divinamente revelada. A rainha de Sabá buscou sabedoria, e o Filho de Deus, usou-a como exemplo para aqueles que se negam a reconhecer a sabedoria divina.

Pensamentos finais

A rainha de Sabá nos ensina uma valiosa lição. Ela estava sedenta por sabedoria, dirigindo-se à melhor fonte que conhecia e obteve respostas às suas perguntas. A Bíblia não nos diz o que ela fez com as respostas que obteve, mas sabemos que ela reconheceu a verdade quando a encontrou.

No sermão do Monte, Jesus disse: *Bem-aventurados os que têm fome e sede de justiça, porque serão fartos* (Mateus 5:6). Se você deseja conhecer a verdade, Deus promete que a encontrará. Mas, você deve buscar a sabedoria verdadeira na fonte certa. Salomão afirma no livro de Provérbios 9:10: *O temor do Senhor é o princípio da sabedoria*. Para que esta verdade se torne realidade em sua vida, você deve pessoalmente aceitar Jesus Cristo como seu Salvador. Em João 14:6 Jesus diz: *Eu sou o caminho, e a verdade, e a vida; ninguém vem ao Pai senão por mim.*

Você já convidou a "Verdade" em sua vida? Por que não o faz agora? Assim como a rainha de Sabá fez todas suas perguntas a Salomão, você também pode exprimir com franqueza todas as perguntas de seu coração Àquele que é maior que Salomão, — Jesus Cristo. Assim como Salomão respondeu todas as perguntas da rainha, Jesus Cristo suprirá todas as suas necessidades.

Tópicos para discussão

1. Quando Deus deu a Salomão tão grande sabedoria?
2. Em que se diferenciou a visita da rainha de Sabá a das outras pessoas que visitaram o rei Salomão?
3. Como Jesus usou essa história em Seus ensinamentos?
4. Explique porque o conhecimento da verdade não é o mesmo que a salvação de nossos pecados.
5. Que valiosa lição podemos aprender com a rainha de Sabá?

Capítulo 7

Jezabel
A rainha perversa

Muitas mulheres na Bíblia amaram a Deus, e suas vidas nos dão exemplos para aplicarmos em nossa vida cristã. Porém, isso não ocorreu com a vida de Jezabel, uma mulher cujas atitudes estavam cheias de maus exemplos, os quais devemos evitar. Ela foi uma mulher que odiou Deus.

Nós gostamos de admirar e respeitar as pessoas, mas algumas vezes, é bom ter exemplos daquilo que não devemos ser. Lemos no livro de 2 Timóteo 3:16: *Toda a Escritura é inspirada por Deus e útil para o ensino, para a repreensão, para a correção, para a educação na justiça.*

Antecedentes de Jezabel

A história sobre a vida dessa cruel rainha está registrada no livro de 1 e 2 Reis, no Antigo Testamento. Ela era filha de um rei pagão, que adorava a um deus falso chamado Baal, e era esposa de Acabe, rei de Israel. Nessa época da história, Israel estava dividido em dois. A parte norte do reinado era ocupada por dez das 12 tribos de Israel, e manteve o nome *Israel*, enquanto as outras duas tribos do sul constituíram a nação de Judá.

A Bíblia não nos diz como Acabe e Jezabel se conheceram, nem em que circunstâncias se casaram. Mas, Acabe pecou contra os mandamentos de Deus casando-se com uma mulher que adorava deuses falsos. O livro 1 Reis 16:30-33 descreve o rei Acabe:

> [30]Fez Acabe, filho de Onri, o que era mau perante o Senhor, mais do que todos os que foram antes dele. [31]Como se fora coisa de somenos andar ele nos pecados de Jeroboão, filho de Nebate, tomou por mulher a Jezabel, filha de Etbaal, rei dos sidônios; e foi, e serviu a Baal, e o adorou. [32]Levantou um altar a Baal, na casa de Baal que edificara em Samaria. [33]Também Acabe fez um poste-ídolo, de maneira que cometeu mais abominações para irritar ao Senhor, Deus de Israel, do que todos os reis de Israel que foram antes dele.

Quando Moisés era o líder de Israel, Deus deu ordens claras:

> [3]Não terás outros deuses diante de mim. [4]Não farás para ti imagem de escultura, nem semelhança alguma do que há em cima nos céus, nem embaixo na terra, nem nas águas debaixo da terra. [5]Não as adorarás, nem lhes darás culto; porque eu sou o Senhor, teu

Deus, Deus zeloso, que visito a iniquidade dos pais nos filhos até à terceira e quarta geração daqueles que me aborrecem (Êxodo 20:3-5).

Acabe pecou casando-se com Jezabel, mas a situação tornou-se ainda mais difícil, pois ele adorou os deuses que Jezabel adorava e fez ídolos. Lemos no livro de 1 Reis 21:25: *Ninguém houve, pois, como Acabe, que se vendeu para fazer o que era mau perante o SENHOR, porque Jezabel, sua mulher, o instigava.* Que terríveis palavras Deus teve que dizer a respeito desse homem! Por que Acabe envolveu-se em tamanha perversidade? Ao estudarmos o caráter de sua esposa, Jezabel, teremos algumas conclusões.

O caráter de Jezabel

A Bíblia relata uma série de acontecimentos que mostram Jezabel como uma mulher voluntariosa e autoritária. Ela utilizou seus poderes para destruir um rei, destruir seus filhos e corromper uma nação inteira. Era devota ao culto do deus Baal, e sustentava os profetas desse deus. Seu objetivo era assassinar todas as pessoas que adoravam ao Senhor Deus de Israel.

O desafio de Elias

A história nos conta que o culto ao deus Baal era acompanhado de muitas cerimônias cruéis, incluindo a queima de crianças como sacrifício. Em meio a essa idolatria e perversidade, Deus enviou Seu profeta Elias para confrontar o rei Acabe. Elias corajosamente e publicamente desafiou os profetas de Baal a um supremo teste de poder no monte Carmelo. O Senhor operou um grande milagre, mostrando a todo aquele povo que Deus era bem maior que Baal. Depois de terem visto o poder de Deus, o povo caiu de rosto em terra e disse: *O Senhor é Deus! O Senhor é Deus!* (1 Reis 18:39).

A reação de Jezabel

Depois do desafio do monte Carmelo, os seguidores de Deus mataram todos os profetas de Baal. Jezabel ficou furiosa, e Acabe estava muito atemorizado porque sabia o quanto representavam aqueles profetas e principalmente o deus Baal para Jezabel. O livro de 1 Reis 19:1-2 revela:

> ¹Acabe fez saber a Jezabel tudo quanto Elias havia feito e como matara todos os profetas à espada. ²Então, Jezabel mandou um mensageiro a Elias a dizer-lhe: Façam-me os deuses como lhes aprouver se amanhã a estas horas não fizer eu à tua vida como fizeste a cada um deles.

Acabe era o rei, porém, quem governava na realidade era Jezabel, sua esposa dominadora. Todos a temiam, inclusive o profeta Elias. Ela ameaçou Elias com estas palavras: *Que os deuses me castiguem com todo o rigor, se amanhã nesta hora eu não fizer com a sua vida o que você fez com a deles* (1 Reis 19:2). Deus protegeu o Seu profeta Elias, providenciando-lhe alimento e descanso.

A influência de Jezabel sobre seus filhos

A Bíblia utiliza histórias como esta para ensinar-nos como os princípios de vida e convicções são passados para nossos filhos e netos. Os mandamentos que Deus deu a Moisés em Êxodo 20 são repetidos em Deuteronômio 5:7-10:

> ⁷Não terás outros deuses diante de mim. ⁸Não farás para ti imagem de escultura, nem semelhança alguma do que há em cima no céu, nem embaixo na terra, nem nas águas debaixo da terra; ⁹não as adorarás, nem lhes darás culto; porque eu, o SENHOR, teu Deus, sou Deus zeloso, que visito a iniquidade dos pais nos filhos até a terceira e quarta geração daqueles que me aborrecem, ¹⁰e faço misericórdia até mil gerações daqueles que me amam e guardam os meus mandamentos.

A herança é a influência passada de pais para filhos, seja ela para o bem ou mal. Você consegue imaginar o tipo de influência maternal que Jezabel teve sobre seus filhos? Jesus usou o exemplo de uma árvore para ilustrar a contínua influência de nossas vidas sobre outras pessoas. O livro de Mateus 7:16-18 acrescenta:

> ¹⁶Pelos seus frutos os conhecereis. Colhem-se, porventura, uvas dos espinheiros ou figos dos abrolhos? ¹⁷Assim, toda árvore boa produz bons frutos, porém a árvore má produz frutos maus. ¹⁸Não pode a árvore boa produzir frutos maus, nem a árvore má produzir frutos bons.

Podemos ver a verdade desta ilustração na família de Jezabel. Seu próprio pai fora um assassino. Seu filho mais velho foi um adorador devoto de Baal. Sua filha foi uma assassina. Seu segundo filho foi tão corrupto quanto ela. Sua família continuou com perversidade pelo menos até a terceira geração. Jezabel e seus filhos foram frutos de uma árvore corrupta.

O juízo de Deus sobre Jezabel

A Bíblia nos conta como Deus julgou Jezabel. O rei Acabe queria para si uma vinha que pertencia a um homem chamado Nabote. Acabe tentou comprá-la, mas ela não estava à venda porque era uma herança do pai de Nabote. Acabe ficou deprimido a ponto de não querer comer porque Nabote se recusava a vendê-la. Quando Jezabel soube o que estava acontecendo, ela prometeu a Acabe que conseguiria a vinha para ele. E para isso, ela planejou e consumou o assassinato de Nabote.

Mais uma vez, Deus enviou o profeta Elias para desafiar Acabe. Elias profetizou o juízo de Deus sobre Acabe e sua família por sua perversidade. O juízo era a morte. Tudo aconteceu exatamente como Elias profetizara. Acabe foi morto em seu carro de guerra durante uma batalha entre israelitas e sírios. Jezabel morreu ao ser jogada de uma janela e ter seu corpo pisoteado pelos cascos de um cavalo. Da maneira que Elias profetizou, cachorros comeram seu corpo antes que pudesse ser sepultada.

Pensamentos finais

Jezabel constitui a prova de que o salário do pecado é a morte. O princípio divino de que se colhe o que for semeado é visto com clareza na vida de Jezabel. Se semearmos boas sementes em nossa própria vida e na vida de nossos filhos, e na vida de quem temos influência, certamente todos nós poderemos colher as bênçãos de Deus. O oposto disso também é verdadeiro. Se semearmos maldade em nossa vida e na vida de nosso próximo, esta afetará as gerações futuras. Esta verdade se concretiza nas vidas dos cristãos e não-cristãos. Jesus morreu como sacrifício por nosso pecado. Quando o recebemos como Salvador, Ele nos perdoa, porém, constantemente sofremos as consequências de nossos pecados por toda nossa vida.

Jezabel foi o oposto do que Deus quer que uma mulher seja. Acabe foi fortemente influenciado por sua esposa, mas seu poder de influência foi para o mal, não para o bem. Que diferente poderia ter sido a história de Jezabel se ela tivesse aprendido a orientar seu esposo e filhos no amor a Deus, obedecendo aos Seus mandamentos!

Hoje em dia, há muitas mulheres que são como Jezabel. Elas desafiam Deus. Odeiam e ofendem o povo de Deus. Não devemos temê-las. O livro de 2 Tessalonicenses 1:7-9 explica o que acontecerá com homens e mulheres que zombam de Deus e rejeitam as boas-novas de Seu amado Filho:

> [7]e a vós outros, que sois atribulados, alívio juntamente conosco, quando do céu se manifestar o Senhor Jesus com os anjos do seu poder, [8]em chama de fogo, tomando vingança contra os que não conhecem a Deus e contra os que não obedecem ao evangelho de nosso Senhor Jesus. [9]Estes sofrerão penalidade de eterna destruição, banidos da face do Senhor e da glória do seu poder.

Jezabel

Creio que estamos de acordo que todas nós gostaríamos de ser a mulher que Deus quer que sejamos. A vida de Jezabel deve nos fazer pensar quanto ao nosso próprio compromisso, primeiro com o Senhor Jesus Cristo, e em seguida, com nossas famílias.

Tópicos para discussão

1. Qual o pecado de Acabe que desencadeou todos os problemas?
2. Descreva três características de Jezabel.
3. Por que Elias teve medo de Jezabel?
4. Liste três lições que podemos aprender com a vida de Jezabel.
5. Qual o fim daqueles que, como Jezabel, desafiam a Deus?

Capítulo 8

A viúva de Sarepta
A mulher hospitaleira

A mulher hospitaleira

Esta é a história de uma mulher que por sua hospitalidade a Elias, o profeta de Deus, viu sua tristeza transformar-se em alegria.

Em Sua Palavra, Deus algumas vezes indica claramente os nomes e antecedentes de algumas pessoas sobre as quais lemos, mas, em outros casos, como o desta mulher, nada se falou sobre seu nome. Sem dúvida, sua fé e suas ações estão registradas porque Deus sabia que precisávamos dessas lições.

O cenário

Deus havia dito ao Seu povo que se eles lhe obedecessem, Ele os abençoaria. Se eles falhassem em obedecê-lo, Ele retiraria

Sua bênção. Uma bênção que Ele poderia negar seria a chuva para suas colheitas.

Durante o reinado do rei Acabe e a rainha Jezabel — os reis mais perversos que Israel teve — a condição espiritual dessa nação era terrível. Elias, o profeta de Deus, se apresentou perante o rei e lhe disse que não choveria até que ele voltasse a lhe falar. A fome se espalharia sobre aquela terra. Elias fugiu e escondeu-se como Deus lhe ordenara.

A provisão de Deus para Elias

Primeiro Deus proveu milagrosamente para Elias ao enviá-lo a um riacho oculto, que, eventualmente, secou-se. Então, Deus disse ao profeta para dirigir-se a Sarepta, uma cidade estrangeira no mar Mediterrâneo, onde uma viúva cuidaria dele. Esta história está narrada no livro de 1 Reis 17:9-10. O Senhor disse a Elias:

> [9]Dispõe-te, e vai a Sarepta, que pertence a Sidom, e demora-te ali, onde ordenei a uma mulher viúva que te dê comida. [10]Então, ele se levantou e se foi a Sarepta; chegando à porta da cidade, estava ali uma mulher viúva apanhando lenha; ele a chamou e lhe disse: Traze-me, peço-te, uma vasilha de água para eu beber.

Deus ordenou àquela viúva para que ajudasse Elias, apesar de ela viver em uma nação que adorava ídolos. Não sabemos se essa viúva conhecia a Deus pessoalmente, porém, certamente sabemos que ela o conheceu quando Elias hospedou-se em sua casa.

A necessidade da viúva

Quando o profeta encontrou a viúva, ela estava colhendo gravetos para preparar a última refeição para ela e seu filho. Coloque-se no lugar dela. Como você reagiria se um estranho chegasse à sua casa pedindo por comida e água após meses sem chuva? Qual seria sua disposição em demonstrar hospitalidade?

A mulher sabia que não tinha condições de alimentar um hóspede. Porém, mesmo assim, ela não rejeitou o pedido de Elias. Sua reação está descrita no livro de 1 Reis 17:11-16:

> ¹¹Indo ela a buscá-la, ele a chamou e lhe disse: Traze-me também um bocado de pão na tua mão. ¹²Porém ela respondeu: Tão certo como vive o Senhor, teu Deus, nada tenho cozido; há somente um punhado de farinha numa panela e um pouco de azeite numa botija; e, vês aqui, apanhei dois cavacos e vou preparar esse resto de comida para mim e para o meu filho; comê-lo-emos e morreremos. ¹³Elias lhe disse: Não temas; vai e faze o que disseste; mas primeiro faze dele para mim um bolo pequeno e traze-mo aqui fora; depois, farás para ti mesma e para teu filho. ¹⁴Porque assim diz o Senhor, Deus de Israel: A farinha da tua panela não se acabará, e o azeite da tua botija não faltará, até ao dia em que o Senhor fizer chover sobre a terra. ¹⁵Foi ela e fez segundo a palavra de Elias; assim, comeram ele, ela e a sua casa muitos dias. ¹⁶Da panela a farinha não se acabou, e da botija o azeite não faltou, segundo a palavra do Senhor, por intermédio de Elias.

A viúva de Sarepta

A necessidade suprida

Por sua fé, esta mulher *fez segundo a palavra de Elias,* conforme ele havia recebido de Deus. O Senhor cumpriu Sua promessa de prover farinha e azeite. Você consegue imaginar a diferença que fez o profeta de Deus ficar nessa casa? Todas as preocupações da viúva sobre a provisão de alimento para ela e seu filho foram eliminadas. Estou segura que com o transcorrer dos dias e meses, a viúva e seu filho devem ter aprendido muito sobre Deus. Provavelmente também se sentiram seguros com Elias em sua casa.

A crise

Aconteceu que certo dia o filho da viúva adoeceu e morreu. Mais uma vez, a vida da viúva se inundou de desespero. Primeiro, havia perdido seu marido. Depois, devido a uma grande escassez de alimentos, não conseguia providenciar comida para seu filho. Deus havia satisfeito essa necessidade através do profeta Elias. Agora seu filho estava morto. Em sua dor, a viúva transtornada, acusou a presença do profeta em sua casa pela morte de seu filho. Talvez, ela se conscientizara de seu próprio pecado quando o profeta lhes falou sobre Deus. Ela, imediatamente, associou a morte ao juízo por seus pecados (1 Reis 17:18).

Elias não tentou responder à acusação da mulher, mas falou amavelmente, como lemos em 1 Reis 17:19-24:

> [19]Ele lhe disse: Dá-me o teu filho; tomou-o dos braços dela, e o levou para cima, ao quarto, onde ele mesmo se hospedava, e o deitou em sua cama; [20]então, clamou ao Senhor e disse: Ó Senhor, meu Deus, também

até a esta viúva, com quem me hospedo, afligiste, matando-lhe o filho? ²¹E, estendendo-se três vezes sobre o menino, clamou ao Senhor e disse: Ó Senhor, meu Deus, rogo-te que faças a alma deste menino tornar a entrar nele. ²²O Senhor atendeu à voz de Elias; e a alma do menino tornou a entrar nele, e reviveu. ²³Elias tomou o menino, e o trouxe do quarto à casa, e o deu a sua mãe, e lhe disse: Vê, teu filho vive. ²⁴Então, a mulher disse a Elias: Nisto conheço agora que tu és homem de Deus e que a palavra do Senhor na tua boca é verdade.

Deve ter sido muito duro para uma mãe tão aflita ter esperado no andar térreo. O tempo provavelmente pareceu-lhe interminável. Ela esperou, e mais uma vez presenciou um milagre. No final da história, ela soube sem dúvida nenhuma que seu hóspede havia sido enviado por Deus.

O exemplo da mulher

Ao aproximar-se o final da seca, Elias teve que ir embora. Ele devia anunciar que logo choveria outra vez. Não lemos ou ouvimos nada mais sobre a viúva de Sarepta ou sobre seu filho no Antigo Testamento. Mas um dia, Jesus estava ensinando na sinagoga em Sua cidade, e usou o exemplo da hospitalidade da viúva. O livro de Lucas 4:24-26 cita Jesus dizendo:

> ²⁴De fato, vos afirmo que nenhum profeta é bem recebido na sua própria terra. ²⁵Na verdade vos digo que muitas viúvas havia em Israel no tempo de Elias, quando

o céu se fechou por três anos e seis meses, reinando grande fome em toda a terra; ²⁶e a nenhuma delas foi Elias enviado, senão a uma viúva de Sarepta de Sidom.

Usando esta ilustração, Jesus ensinou que, assim como a viúva estrangeira foi generosa com um profeta de Deus, Ele também, Jesus, foi aceito na vida e corações de gentios, quando foi rejeitado por Seu próprio povo.

Pensamentos finais

A hospitalidade é um ministério importante para as mulheres. O apóstolo Paulo inclui a hospitalidade como parte das obrigações da igreja, em Romanos 12:13: *compartilhai as necessidades dos santos; praticai a hospitalidade.* Paulo também inclui a hospitalidade como parte do estilo de vida de quem se qualifica como um pastor (ou bispo) de igreja, em 1 Timóteo 3:2: *É necessário, portanto, que o bispo seja irrepreensível, esposo de uma só mulher, temperante, sóbrio, modesto, hospitaleiro, apto para ensinar.*

A hospitalidade — abrir com amor cristão seu lar aos demais — é um ministério que as mulheres podem oferecer a outras mulheres, famílias podem mostrar para outras famílias ou casais para casais. Ser hospitaleiro é uma forma maravilhosa de mostrar o amor de Cristo aos conhecidos e desconhecidos. Hebreus 13:2 ordena: *Não negligencieis a hospitalidade, pois alguns, praticando-a, sem o saber acolheram anjos.*

A hospitalidade não só beneficia a mulher que a pratica, mas todos em sua casa são beneficiados. 1 Pedro 4:9 declara: *Sede, mutuamente, hospitaleiros, sem murmuração.*

Peça a Deus que mostre caminhos para abrir seu lar e usá-lo para glória dele.

Tópicos para discussão

1. Por que Elias foi para Sarepta?
2. Mencione três maneiras em que a fé desta viúva foi posta à prova.
3. De que maneira ela foi beneficiada por demonstrar hospitalidade?
4. O que Jesus disse sobre ela?
5. Exemplifique três maneiras de seguirmos o exemplo de hospitalidade daquela viúva.

Capítulo 9

A viúva — o azeite multiplicado
Ela pagou suas dívidas

O cuidado de Deus por viúvas e órfãos

A Bíblia revela muito sobre as viúvas. Nomeando-as ou não, as viúvas são uma preocupação especial de Deus. Muitos versículos na Bíblia dão fortes advertências àqueles que, de qualquer forma, causem dano a uma viúva.

Quando Deus deu Suas leis aos israelitas, estabeleceu regras específicas a respeito do bem-estar e segurança das viúvas. Muitas regras eram similares as que diziam respeito aos órfãos. Por exemplo, lemos em Êxodo 22:22-24:

> ²²A nenhuma viúva nem órfão afligireis. ²³Se de algum modo os afligirdes, e eles clamarem a mim, eu lhes ouvirei o clamor; ²⁴a minha ira se acenderá, e vos

A viúva — o azeite multiplicado

matarei à espada; vossas mulheres ficarão viúvas, e vossos filhos, órfãos.

No Novo Testamento, o livro de Tiago 1:27, dá as instruções sobre como devemos tratar as viúvas e órfãos: *A religião que Deus, o nosso Pai, aceita como pura e imaculada é esta: cuidar dos órfãos e das viúvas em suas dificuldades e não se deixar corromper pelo mundo.*

A viúva desamparada de um profeta

Neste estudo bíblico, encontramos a história de uma mulher cujo marido havia amado ao Senhor, porém, não sustentara a sua família de maneira adequada. Após sua morte, as muitas dívidas foram deixadas para a viúva e nenhum dinheiro para que pudessem ser pagas. Sua história começa no livro de 2 Reis 4:1-4:

> ¹Certa mulher, das mulheres dos discípulos dos profetas, clamou a Eliseu, dizendo: Meu marido, teu servo, morreu; e tu sabes que ele temia ao SENHOR. É chegado o credor para levar os meus dois filhos para lhe serem escravos. ²Eliseu lhe perguntou: Que te hei de fazer? Dize-me que é o que tens em casa. Ela respondeu: Tua serva não tem nada em casa, senão uma botija de azeite. ³Então, disse ele: Vai, pede emprestadas vasilhas a todos os teus vizinhos; vasilhas vazias, não poucas. ⁴Então, entra, e fecha a porta sobre ti e sobre teus filhos, e deita o teu azeite em todas aquelas vasilhas; põe à parte a que estiver cheia.

A frase *discípulos dos profetas* indica que o esposo da viúva havia sido um discípulo de Eliseu. Por esta razão, a mulher se sentiu na liberdade de pedir-lhe ajuda. Ela não só vivia os problemas com suas dívidas, mas também estava correndo o risco de perder seus dois filhos, que seriam tomados como escravos por seu credor.

Eliseu era muito conhecido por fazer milagres através do poder de Deus. Desta vez, ele simplesmente perguntou à mulher do que ela dispunha em sua casa. Então, ele a instruiu a exercitar a fé, usando o que possuía e estava disponível.

Encontramos uma história similar no Novo Testamento. No livro de João 6, lemos que Jesus perguntou aos Seus discípulos, o que havia de disponível para alimentar cinco mil homens. Os discípulos responderam que só havia o lanche de um menino. Jesus o tomou e multiplicou, satisfazendo assim, a necessidade daquela multidão.

Eliseu instruiu a viúva para pedir vasilhas emprestadas de seus vizinhos. A fé daquela mulher era extraordinária. Nada foi escrito sobre a sua hesitação. A viúva fez exatamente o que lhe fora pedido. O que teria acontecido se ela não tivesse seguido as instruções de pedir emprestado as vasilhas vazias? Talvez ela tivesse perdido o milagre.

Milagres em segredo

Eliseu disse à viúva para fechar as portas de sua casa enquanto enchia as vasilhas. Talvez uma das razões, seria para evitar o distúrbio que isso poderia causar nas pessoas que estivessem passando ao ver o azeite sendo multiplicado. Se ela enchesse as vasilhas à vista de todos, tornaria-se exibição pública. Então, ao invés do povo reconhecer a Deus, as pessoas poderiam considerar a mulher como uma milagreira.

Da mesma maneira, durante o ministério terreno de Jesus, muitas vezes, quando alguém lhe pedia ajuda, Ele ordenava aos Seus discípulos que fechassem as portas, deixando a multidão fora. Em seguida, na privacidade da família necessitada, Ele operava o milagre.

Em minha vida, algumas das maiores respostas de orações, são aquelas que Deus atendeu uma necessidade secreta. Ninguém, além de Deus, conhecia minha necessidade, e se ninguém mais tem conhecimento, não poderá receber o crédito. Portanto, a pessoa que recebe a resposta da oração deve dar a Deus toda glória e reconhecimento!

O livro de Mateus 6:6 parece ensinar esse mesmo princípio: *Tu, porém, quando orares, entra no teu quarto e, fechada a porta, orarás a teu Pai, que está em secreto; e teu Pai, que vê em secreto, te recompensará.*

Deus providenciou mais que o necessário

Lemos o final da história da viúva no livro de 2 Reis 4:5-7:

> ⁵Partiu, pois, dele e fechou a porta sobre si e sobre seus filhos; estes lhe chegavam as vasilhas, e ela as enchia. ⁶Cheias as vasilhas, disse ela a um dos filhos: Chega-me, aqui, mais uma vasilha. Mas ele respondeu: Não há mais vasilha nenhuma. E o azeite parou. ⁷Então, foi ela e fez saber ao homem de Deus; ele disse: Vai, vende o azeite e paga a tua dívida; e, tu e teus filhos, vivei do resto.

Além da sua grande fé, encontramos outra lição nesta história. Mesmo depois que todas as vasilhas estavam cheias, ela não considerou que o azeite fosse para ela. A mulher não se adiantou em tomar suas próprias decisões com relação ao que Deus queria que ela fizesse. Ao invés disso, ela foi falar com Eliseu e esperou por suas instruções. Seguindo suas orientações, ela levou o azeite e vendeu-o, pagando assim suas dívidas para que seus filhos pudessem permanecer livres. E ainda, sobrou dinheiro para seu sustento.

Você consegue imaginar a alegria dessa viúva ao compartilhar com as pessoas como Deus havia atendido às suas necessidades? A viúva não tinha qualquer dúvida que Deus fora o seu provedor.

Deus não somente proveu o suficiente para satisfazer suas necessidades imediatas, mas também para o seu futuro. Ele deu-lhe mais do que ela havia pedido. Esta história é bem similar a de quando Jesus alimentou a multidão com o almoço de um menino. Nesse relato, sobraram doze cestas cheias de comida.

Pensamentos finais

O apóstolo Paulo expressou o que esta viúva deve ter sentido ao ver a ação de Deus, pois escreveu no livro de Efésios 3:20: *Ora, àquele que é poderoso para fazer infinitamente mais do que tudo quanto pedimos ou pensamos, conforme o seu poder que opera em nós.*

Na próxima vez que você estiver numa situação de necessidade — independente do tipo de necessidade que se trate — esta história irá lembrá-la sobre a fiel provisão de Deus para você. Pense sobre estes versículos:

A viúva — o azeite multiplicado

E o meu Deus, segundo a sua riqueza em glória, há de suprir, em Cristo Jesus, cada uma de vossas necessidades (Filipenses 4:19).

Deus pode fazer-vos abundar em toda graça, a fim de que, tendo sempre, em tudo, ampla suficiência, superabundeis em toda boa obra (2 Coríntios 9:8).

Se, porém, algum de vós necessita de sabedoria, peça-a a Deus, que a todos dá liberalmente e nada lhes impropera; e ser-lhe-á concedida (Tiago 1:5).

Ainda hoje Deus realiza milagres atendendo as necessidades de Seu povo ao redor do mundo. Assim como Deus fez nesta história, Ele usa Seus servos como instrumentos para satisfazer as nossas necessidades. É maravilhoso saber que Deus ouve nossas orações — e como é Onisciente e Todo-Poderoso é capaz de responder nossas orações como Ele promete no livro de Mateus 7:7-8:

> [7]Pedi, e dar-se-vos-á; buscai e achareis; batei, e abrir-se-vos-á. [8]Pois todo o que pede recebe; o que busca encontra; e, a quem bate, abrir-se-lhe-á.

Tópicos para discussão

1. Em que situação se encontrava esta mulher?
2. De que maneira ela demonstrou sua absoluta obediência a Eliseu?
3. Como Deus atendeu suas necessidades?
4. Quem recebeu a glória por este milagre?
5. Deus continua satisfazendo as necessidades de Seu povo? Como? Relate uma experiência em que Deus satisfez suas necessidades.

Capítulo 10

A mulher sunamita
Anfitriã generosa

Anfitriã generosa

Encontramos outra mulher não identificada por seu nome neste estudo. Por ser da vila de Suném, ela era conhecida como a sunamita.

A Bíblia descreve-a como uma grande e importante mulher. Provavelmente, isso significa que ela era rica e influente em sua comunidade. Mas, neste estudo, vamos olhar para sua vida espiritual, sua generosidade, sua estabilidade durante crises e sua obediência.

A história da sunamita

Encontramos a história da mulher sunaminta no livro de 2 Reis 4:8. Lemos sobre sua hospitalidade em 2 Reis 4:8-11, narrando como abriu as portas de sua casa para o profeta de Deus, Eliseu:

> ⁸Certo dia, passou Eliseu por Suném, onde se achava uma mulher rica, a qual o constrangeu a comer pão. Daí, todas as vezes que passava por lá, entrava para comer. ⁹Ela disse a seu marido: Vejo que este que passa sempre por nós é santo homem de Deus. ¹⁰Façamos-lhe, pois, em cima, um pequeno quarto, obra de pedreiro, e ponhamos-lhe nele uma cama, uma mesa, uma cadeira e um candeeiro; quando ele vier à nossa casa, retirar-se-á para ali. ¹¹Um dia, vindo ele para ali, retirou-se para o quarto e se deitou.

Seu discernimento espiritual

Não está relatado se esta mulher sabia quem era Eliseu na primeira vez que o convidou para comer em sua casa. Mas nos é dito, depois de várias visitas, que ela disse a seu esposo que sabia que Eliseu era um homem de Deus.

Sua generosidade

A mulher percebeu que Eliseu precisava de um lugar para descansar. Era perspicaz ao reconhecer a importância de prover as necessidades físicas e espirituais dos outros. Ela também foi criativa na maneira de preparar um lugar para Eliseu. Tenho certeza que a sua generosidade foi de muito valor para Eliseu cada vez que descansava em seu quarto no andar superior.

Ao continuarmos a história em 2 Reis 4:12-13, vemos que Eliseu tratou de modo recíproco a mulher sunamita por sua generosidade:

> ¹²Então, disse ao seu moço Geazi: Chama esta sunamita. Chamando-a ele, ela se pôs diante do profeta. ¹³Este dissera ao seu moço: Dize-lhe: Eis que tu nos tens tratado com muita abnegação; que se há de fazer por ti? Haverá alguma coisa de que se fale a teu favor ao rei ou ao comandante do exército? Ela respondeu: Habito no meio do meu povo.

Com estes versículos se torna evidente que a sunamita compartilhou seu lar por sincera generosidade e preocupação, nada esperando em troca. Estava contente sem nenhuma exaltação ou reconhecimento oficial.

Esta não é a maneira que geralmente, nós mulheres, pensamos. Com frequência, tentamos impressionar as pessoas. Queremos ter certeza que os demais vejam o bem que fazemos. Às vezes, fazemos boas coisas por motivos errados. Precisamos nos lembrar do que a Palavra de Deus diz no livro de 1 Samuel 16:7: *Porém o SENHOR disse a Samuel: Não atentes para a sua aparência, nem para a sua altura, porque o rejeitei; porque o SENHOR não vê como vê o homem. O homem vê o exterior, porém o SENHOR, o coração.*

De qualquer modo, havia um elemento que estava faltando no lar da mulher sunamita. Eles não tinham filhos, e seu marido era idoso (2 Reis 4:14). Mesmo assim, ela não pediu por filhos quando teve a oportunidade. Todavia, Eliseu profetizou que ela teria um filho, e a Bíblia nos conta, que a profecia se cumpriu, ela concebeu e deu à luz a um filho.

Sua estabilidade durante crises

Em seguida, temos o relato de uma enorme crise ocorrida quando tudo estava bem e a família feliz. Não é assim que as coisas geralmente acontecem? Continuando a história, o livro de 2 Reis 4:18-21 narra o seguinte:

> [18]Tendo crescido o menino, saiu, certo dia, a ter com seu pai, que estava com os segadores. [19]Disse a seu pai: Ai! A minha cabeça! Então, o pai disse ao seu moço: Leva-o a sua mãe. [20]Ele o tomou e o levou a sua mãe, sobre cujos joelhos ficou sentado até ao meio-dia, e morreu. [21]Subiu ela e o deitou sobre a cama do homem de Deus; fechou a porta e saiu.

O que é destacável nesta história é o silêncio da sunamita perante a morte de seu único filho. Não houve queixas nem amargura, nem altos choros. Ela simplesmente partiu com a decisão fixa em seu coração de encontrar o profeta Eliseu. O relato continua em 2 Reis 4:22-23:

> [22]Chamou a seu marido e lhe disse: Manda-me um dos moços e uma das jumentas, para que eu corra ao homem de Deus e volte. [23]Perguntou ele: Por que vais a ele hoje? Não é dia de Festa da Lua Nova nem sábado. Ela disse: Não faz mal.

À medida que esta narração continua, a mulher sunamita viajou com o intenso propósito de encontrar o homem de Deus. Antes de ela chegar, Eliseu a viu e reconheceu-a de longe. Ele instruiu seu servo: *Corre ao seu encontro e dize-lhe: Vai tudo bem contigo, com teu marido, com o menino?* A mulher respondeu: *Tudo bem* (2 Reis 4:26). Ela sabia que seu filho estava morto, esta simples palavra dizendo que tudo estava bem, era uma prova de sua maravilhosa fé em acreditar na capacidade de Deus em ajudá-la.

Quando a mulher encontrou Eliseu e contou-lhe o que havia acontecido, ele enviou seu servo à frente com as instruções para colocar seu cajado no rosto do menino. Mais tarde, quando Eliseu chegou com a mulher, seu servo o informou que o menino não havia voltado a si. O livro de 2 Reis 4:32-35 descreve o que aconteceu quando Eliseu chegou ao seu aposento onde o menino estava deitado:

> [32]Tendo o profeta chegado à casa, eis que o menino estava morto sobre a cama. [33]Então, entrou, fechou a porta sobre eles ambos e orou ao SENHOR. [34]Subiu à cama, deitou-se sobre o menino e, pondo a sua boca sobre a boca dele, os seus olhos sobre os olhos dele e as suas mãos sobre as mãos dele, se estendeu sobre ele; e a carne do menino aqueceu. [35]Então, se levantou, e andou no quarto uma vez de lá para cá, e tornou a subir, e se estendeu sobre o menino; este espirrou sete vezes e abriu os olhos.

Não sabemos quanto tempo o menino viveu, mas supomos que ele viveu tempo suficiente para trazer muitos anos de felicidade ao lar de sua mãe.

Sua obediência

Há ainda o relato de outro encontro entre Eliseu e esta mulher. Eliseu disse-lhe que durante sete anos haveria uma grande escassez de alimentos em sua terra. Ele a instruiu para partir com seu filho até que a escassez de alimentos terminasse. Ela obedeceu de imediato ao profeta de Deus, sem sequer ter tempo para pensar sobre os bens e riqueza que estava deixando para trás.

Ao final dos sete anos, quando o período de escassez se findou, ela retornou à sua terra para descobrir que outros tinham tomado posse de seus bens. Preocupada com a herança de seu filho, ela fez um apelo ao rei para readquirir sua casa e propriedade. O servo de Eliseu estava contando ao rei a história de como Eliseu havia ressuscitado o menino, quando a sunamita chegou. Devido ao seu próprio testemunho e ao de Geazi, o rei ordenou que lhe fosse devolvido tudo o que lhe pertencia (2 Reis 8:6).

Desde o princípio, até o fim da história desta mulher, observamos sua fé, sinceridade, estabilidade durante as crises, e sua perseverança em meio às ansiedades. Ela é um exemplo de profunda fé. Mesmo em circunstâncias temíveis, ela não duvidou do poder e bondade de Deus.

Pensamentos finais

Esta mulher recebeu grandes recompensas. Primeiro, teve um filho, depois ele ressuscitou após sua morte; em seguida todos seus bens e propriedades lhe foram devolvidos. O mais importante: ela conheceu melhor a Deus, tornando-se amiga do profeta Eliseu.

Como uma mulher de fé em Deus, se vivemos para Ele, assim como a mulher sunamita, também poderemos esperar bênçãos de Deus em nossas vidas. Talvez não iremos receber o mesmo tipo de bênção, mas podemos ter certeza que Deus olha com bondade aos que obedecem à Sua Palavra e também provê para Seus servos. A generosidade de Deus deveria nos atrair mais e mais perto dele diariamente.

Tópicos para discussão

1. Mencione três características desta mulher sunamita.
2. Quando Eliseu pediu à mulher sunamita para deixar seu lar, por que ela obedeceu?
3. Descreva duas ocasiões em que esta mulher demonstrou profunda fé.
4. Como Deus recompensou sua fé?
5. De que maneira você pode demonstrar generosidade aos servos de Deus?

Capítulo 11

Escrava de Naamã
Pronta para reagir

DEUS SABE COMO É DIFÍCIL esquecer o que aconteceu no passado. Em Sua Palavra, Deus nos dá diversos exemplos de mulheres com histórias difíceis, mas mesmo assim, Ele usou cada uma delas de um modo muito especial. Somente um relacionamento pessoal e verdadeiro com Jesus Cristo pode nos ajudar a enfrentar o passado. Ele remove a culpa, alivia a dor, e nos santifica.

Sem liberdade
Apesar de esta história ser curta, é um exemplo claro de como Deus pode nos ajudar a superar nosso passado. As experiências dessa jovem menina e Naamã, o comandante do exército da Síria, estão relatadas no livro de 2 Reis 5:1-19.

Mais uma vez, o nome da menina não é mencionado. Uma escrava não seria o suficientemente importante para ter o seu nome registrado. Para Deus, não importa o lugar que ocupamos na sociedade, pois Ele vê nossos corações e conhece nossa fé. Há pouca informação sobre esta jovem que servia a esposa de Naamã, mas encontramos a seguinte narração no livro de 2 Reis 5:2-3:

> ²Saíram tropas da Síria, e da terra de Israel levaram cativa uma menina, que ficou ao serviço da mulher de Naamã. ³Disse ela à sua senhora: Tomara o meu senhor estivesse diante do profeta que está em Samaria; ele o restauraria da sua lepra.

Uma estrangeira

Durante um ataque de soldados inimigos, esta menina havia sido capturada e separada de sua pátria. A Bíblia não nos dá nenhum indício para onde foi sua família depois do ataque inimigo. Ela foi tirada de tudo o que lhe era familiar e teve que aprender a viver um novo modo de vida. Certamente, foi difícil para ela, só podemos imaginar o quanto deve ter sentido falta de seu lar.

Coloquemo-nos no lugar dela e pensemos sobre tudo quanto ela teve que passar. Como teríamos reagido frente à enfermidade de nosso patrão? Tentaríamos ajudá-lo? Ela demonstrou um interesse tão genuíno, que somente uma vida completamente dependente de Deus poderia demonstrar. Foi preciso ter confiança total em Deus para ter a coragem de informar à sua senhora sobre o profeta que poderia ajudar Naamã com sua lepra. O que será que esta menina viu ou ouviu que lhe trouxe tamanha confiança em Deus e Seu profeta?

Uma pessoa respeitada

Quanto respeito essa menina escrava adquiriu no lar de Naamã para ele dispor-se a ouvi-la? Por que ela tinha tanta certeza de que Naamã poderia ser curado? Onde ela alcançou tanto discernimento espiritual em tão tenra idade?

Talvez as mais importantes perguntas fossem estas: Como reagiriam os filhos de famílias cristãs, atualmente, se precisassem enfrentar situações tão hostis? Ensinamos nossos filhos como Deus nos ordena? Como família, quanto tempo dedicamos para recordar o que Deus tem feito por nós? Se nossos filhos fossem submetidos às situações difíceis, tal como esta jovem, eles poderiam oferecer exemplos do poder de Deus?

A Bíblia não fornece detalhes sobre o que esta jovem escrava disse, nem sobre as perguntas de Naamã. Somente nos diz que Naamã ouviu suas palavras. Lemos sobre a cura da lepra de Naamã em 2 Reis 5. Ele foi ao encontro do profeta Eliseu, que o instruiu o que deveria fazer, e foi completamente curado.

Para confirmar que tudo isso realmente aconteceu, Jesus se referiu a esta história no livro de Lucas 4:27: *Havia também muitos leprosos em Israel nos dias do profeta Eliseu, e nenhum deles foi purificado, senão Naamã, o siro.*

Pensamentos finais

Se esta jovem escrava tivesse escolhido se irar e guardar ressentimento e amargura contra seus captores, esta história nunca teria acontecido. Você se sente ressentida por alguma má experiência durante sua infância, adolescência ou vida adulta? Se alguém tivesse o direito de culpar a Deus pelo que lhe acontecera, essa jovem o teria, mas não o fez.

Nós também precisamos pedir a Deus que nos ajude a esquecer as coisas do nosso passado que hoje nos afetam. Precisamos aceitar a ajuda que hoje Deus nos oferece. Desse modo, poderemos ser mulheres através das quais Deus poderá trabalhar e mostrar ao mundo o Seu amor, poder e graça.

Devemos aceitar a vontade de Deus e a maneira que Ele age em nossas vidas. O apóstolo Paulo escreveu no livro de Filipenses 3:13-14:

> [13]...esquecendo-me das coisas que para trás ficam e avançando para as que diante de mim estão, [14]prossigo para o alvo, para o prêmio da soberana vocação de Deus em Cristo Jesus.

Algumas vezes, podemos nos sentir aliviadas se escrevermos as dores, desilusões e amarguras de nossa vida. Leia as suas anotações para o Pai Celestial. Peça-lhe que limpe da sua memória as coisas negativas e que lhe ajude a seguir adiante. O livro de 2 Coríntios 5:17 nos diz: *E, assim, se alguém está em Cristo, é nova criatura; as coisas antigas já passaram; eis que se fizeram novas.*

Tópicos para discussão

1. De que maneira a jovem escrava viveu sua fé?
2. Mencione dois fatos que poderiam tê-la amargurado.
3. Como ela influenciou a vida de quem a capturou?
4. Como mulheres cristãs, qual deve ser a nossa reação quando outros nos ferem?
5. Cite duas qualidades da menina escrava, que você desejaria ter em sua vida.

Capítulo 12

Jeoseba
Mulher corajosa

Todas nós, um momento ou outro, enfrentamos pressões em nossas vidas. Neste estudo, conheceremos a pressão à qual Jeoseba foi submetida para salvar seu sobrinho de um assassinato.

Antecedentes de Jeoseba

O cenário para este acontecimento tão corajoso aconteceu na região de Judá. Esta história é sobre a família do rei Jorão; sua esposa Atalia e seus filhos; Acazias e sua irmã Jeoseba.

O rei Jorão tinha 32 anos quando iniciou seu reinado. Sua esposa, Atalia, era filha do maldoso rei Acabe. Assim, não é surpreendente que a Bíblia registre que *Jorão fez o que era mau perante o Senhor*. Jorão morreu em grandes dores de uma enfermidade incurável. O povo constituiu o filho

Jeoseba

mais novo de Jorão, Acazias, seu rei. Lemos estas palavras sobre Acazias: ...*andou no caminho da casa de Acabe e fez o que era mau perante o* SENHOR (2 Reis 8:27). Sua mãe era má e, provavelmente, o encorajou a sê-lo também. Que palavras terríveis ditas sobre qualquer mulher! Acazias foi assassinado depois de ter reinado somente por um ano. Quando a rainha mãe, Atalia, soube da morte de Acazias, viu que esta era a oportunidade para tomar o controle do reino. Tomou o trono e assassinou todos os herdeiros reais — era o que pensava — para ter certeza de que ela seria a governante.

A coragem de Jeoseba

A história começa no livro de 2 Reis 11:1-3:

> ¹Vendo Atalia, mãe de Acazias, que seu filho era morto, levantou-se e destruiu toda a descendência real. ²Mas Jeoseba, filha do rei Jorão e irmã de Acazias, tomou a Joás, filho de Acazias, e o furtou dentre os filhos do rei, aos quais matavam, e pôs a ele e a sua ama numa câmara interior; e, assim, o esconderam de Atalia, e não foi morto. ³Jeoseba o teve escondido na Casa do SENHOR seis anos; neste tempo, Atalia reinava sobre a terra.

Jeoseba usou um quarto na casa do Senhor para esconder o bebê Joás. Como seu marido, Joiada, era sumo sacerdote, Joás estava seguro no templo. Além disso, Atalia adorava ao deus Baal, e provavelmente nunca entrara no templo do Senhor. Durante seis anos, Jeoseba e seu marido cuidaram de Joás e ensinaram-lhe sobre o Senhor.

Não somente foi necessário coragem para salvar o bebê; mas também para ensinar Joás secretamente durante o reinado de Atalia. A primeira lição que aprendemos de Jeoseba é ser corajosa e persistente em praticar o que é correto. É fácil demonstrar coragem por um curto tempo, especialmente durante uma crise, do que continuar demonstrando-a dia após dia. Para sermos constantemente corajosas, precisamos da graça de Deus em nossas vidas, especialmente se estamos colocando em risco as vidas de nossos entes queridos. A Bíblia afirma que o Senhor recompensará aqueles que persistem diante das dificuldades. Gálatas 6:9-10 diz:

> ⁹E não nos cansemos de fazer o bem, porque a seu tempo ceifaremos, se não desfalecermos. ¹⁰Por isso, enquanto tivermos oportunidade, façamos o bem a todos, mas principalmente aos da família da fé.

A humildade de Jeoseba

A segunda lição que aprendemos com Jeoseba é sua constante humildade. Seu pai havia sido o rei. Ela tinha tanto direito ao trono como Atalia, segunda esposa do rei. Jeoseba poderia ter sentido ciúmes. Ela poderia ter feito a vida de sua madrasta miserável. Porém, ao invés disso, ela cumpriu fielmente seu dever de ensinar seu sobrinho sobre o Senhor, para prepará-lo, assim, para ser rei.

A apresentação de Joás como o legítimo rei

Quando o menino Joás completou sete anos de vida, seu tio, o sumo sacerdote, reuniu-se com centenas de homens poderosos, e lhes deu instruções específicas de como teriam que proteger o templo. Quando tudo estava em ordem, o sacerdote trouxe Joás e apresentou-o como o filho do rei e declarou-o como o novo rei. Aconteceu assim, conforme lemos no livro de 2 Reis 11:12-16:

> ¹²Então, Joiada fez sair o filho do rei, pôs-lhe a coroa e lhe deu o Livro do Testemunho; eles o constituíram rei, e o ungiram, e bateram palmas, e gritaram: Viva o rei! ¹³Ouvindo Atalia o clamor dos da guarda e do povo, veio para onde este se achava na Casa do SENHOR. ¹⁴Olhou, e eis que o rei estava junto à coluna, segundo o costume, e os capitães e os tocadores de trombetas, junto ao rei, e todo o povo da terra se alegrava, e se tocavam trombetas. Então, Atalia rasgou os seus vestidos e clamou: Traição! Traição! ¹⁵Porém o sacerdote Joiada deu ordem aos capitães que comandavam as tropas e disse-lhes: Fazei-a sair por entre as fileiras; se alguém a seguir, matai-o à espada. Porque o sacerdote tinha dito: Não a matem na Casa do SENHOR. ¹⁶Lançaram mão dela; e ela, pelo caminho da entrada dos cavalos, foi à casa do rei, onde a mataram.

Nesta mesma passagem, lemos que logo que Joás tornou-se rei, ele destruiu os altares dedicados a falsos deuses, e as pessoas passaram a servir ao verdadeiro Deus novamente. O Senhor não se esqueceu de Seu povo. Ele usou a valentia de uma mulher para o cumprimento de Seu plano.

O marido de Jeoseba educou Joás cuidadosamente quando era um menino, mas, todo o ensinamento não terminou ali. O sumo sacerdote continuou ensinando o menino depois que ele se tornou um rei. O livro de 2 Reis 12:2 diz: *Fez Joás o que era reto perante o* Senhor, *todos os dias em que o sacerdote Joiada o dirigia.*

Pensamentos finais

Os diamantes são formados quando o carbono da terra é exposto a altas temperaturas e alta pressão durante muitos anos. Deus usa esse tipo de pressão para criar diamantes humanos para que a beleza dele seja refletida em suas vidas.

Nunca é fácil enfrentar pressões. Devemos pedir a Deus que nos ajude a reagir com coragem e ousadia, do mesmo modo de Jeoseba o fez. Ela não estava faminta nem era indiferente ao poder; pelo contrário, era responsável e cuidadosa. Podemos realizar grandes coisas para Deus apesar das pressões, e assim fazendo, nos tornamos uma dessas joias preciosas ao Senhor.

Se você sente que está sendo submetida a grandes pressões em sua vida e está lhe faltando coragem, talvez, estas palavras de Davi, no Salmo 27:1,3,5 lhe darão a força que você precisa para continuar fazendo o que é correto:

> ¹O Senhor é a minha luz e a minha salvação; de quem terei medo? O Senhor é a fortaleza da minha vida; a quem temerei? [...] ³Ainda que um exército se acampe contra mim, não se atemorizará o meu coração; e, se estourar contra mim a guerra, ainda assim terei confiança. [...] ⁵Pois, no dia da adversidade,

ele me ocultará no seu pavilhão; no recôndito do seu tabernáculo, me acolherá; elevar-me-á sobre uma rocha.

Tópicos para discussão

1. Quais são duas grandes características que Jeoseba demonstrou em sua vida?
2. Por quanto tempo ela demonstrou essas características?
3. Nesta história, como podemos perceber a justiça de Deus?
4. Qual foi o princípio espiritual experimentado por Jeoseba e que se encontra em Gálatas 6:9?
5. Descreva um momento em sua vida quando o bom surgiu de algo que parecia ser uma situação difícil.

Capítulo 13

Hulda
Mulher honesta

Nós MULHERES, NOS expressamos de várias maneiras. Por meio do nosso estilo de vida, nossas roupas e nossas ações, dizemos aos que nos rodeiam algo sobre o que somos. Expressamo-nos, geralmente, com palavras, mas, o silêncio também pode ser uma maneira de permitir que outros conheçam nossos sentimentos.

As mulheres na Bíblia que tiveram grande influência sobre aqueles que estavam ao seu redor, eram mulheres que viviam perto de Deus, respeitavam Sua Palavra e falavam sob Sua autoridade. Elas ganharam o direito de serem ouvidas devido ao seu caráter espiritual.

Os antecedentes de Hulda

Hulda era este tipo de mulher. Junto a Débora e Miriã, foi uma das poucas mulheres do Antigo Testamento que ocuparam cargos de autoridade. Ela foi esposa de Salum, responsável pelo guarda-roupa do templo, e viveu em Jerusalém durante o reinado do rei Josias.

Este rei iniciou o seu reinado sobre Judá quando tinha apenas oito anos de idade. Seu avô e seu pai haviam sido reis perversos. Mas, desde o princípio do reinado, Josias foi um rei diferente. Nosso estudo sobre Hulda começa no livro de 2 Reis 22:1-2:

> ¹Tinha Josias oito anos de idade quando começou a reinar e reinou trinta e um anos em Jerusalém. Sua mãe se chamava Jedida e era filha de Adaías, de Bozcate. ²Fez ele o que era reto perante o SENHOR, andou em todo o caminho de Davi, seu pai, e não se desviou nem para a direita nem para a esquerda.

Observe que Davi é chamado de "o pai de Josias". Essa é a forma que os hebreus estabeleciam a relação entre pai e filho. Poderiam se passar centenas de anos e várias gerações entre dois homens que pertenciam à mesma linha de parentesco, que o antepassado ainda seria chamado de pai pelo descendente. Por exemplo, no livro de Mateus 1:1 está escrito que Jesus Cristo *é filho de Davi e filho de Abraão*. Como sabemos, Davi viveu mil anos antes que Jesus e Abraão, dois mil. Do mesmo modo, Josias era filho de Davi porque fazia parte da linhagem real.

O reinado de Josias

Quando completou 18 anos de reinado, o rei Josias instruiu um escriba e outros homens para que fossem ao templo, à casa do Senhor. Os homens deveriam perguntar ao sumo sacerdote Hilquias quanto dinheiro havia disponível, para que pudesse entregá-lo a carpinteiros, construtores e pedreiros para comprar materiais e reformar o templo. Durante o processo de reforma, Hilquias se dirigiu ao secretário Safã, e disse: *Achei o Livro da Lei na Casa do* Senhor. Ele estava se referindo ao Livro da Lei que havia sido dado a Moisés há muitos anos. Primeiro Safã leu o livro, em seguida levou-o ao rei e o leu para ele. Encontramos a reação do rei Josias em 2 Reis 22:11-13:

> [11]Tendo o rei ouvido as palavras do Livro da Lei, rasgou as suas vestes. [12]Ordenou o rei a Hilquias, o sacerdote, a Aicão, filho de Safã, a Acbor, filho de Micaías, a Safã, o escrivão, e a Asaías, servo do rei, dizendo: [13]Ide e consultai o Senhor por mim, pelo povo e por todo o Judá, acerca das palavras deste livro que se achou; porque grande é o furor do Senhor que se acendeu contra nós, porquanto nossos pais não deram ouvidos às palavras deste livro, para fazerem segundo tudo quanto de nós está escrito.

O rei Josias reconheceu de imediato a gravidade da condição pecaminosa do povo da nação. Era muito jovem ainda, tinha somente 26 anos, mas era um governante sábio.

O rei recebe conselho divino

O rei sabia que não tinha todas as respostas, e por isso, foi pedir conselho. Durante aquele tempo, viviam dois conhecidos profetas de Deus, Jeremias e Sofonias. Mas, o sumo sacerdote e os outros homens não foram até esses profetas para pedir conselho. Ao invés disso, eles foram à profetisa Hulda. Retomamos a história no livro de 2 Reis 22:14-17:

> ¹⁴Então, o sacerdote Hilquias, Aicão, Acbor, Safã e Asaías foram ter com a profetisa Hulda, mulher de Salum, o guarda-roupa, filho de Ticva, filho de Harás, e lhe falaram. Ela habitava na cidade baixa de Jerusalém. ¹⁵Ela lhes disse: Assim diz o SENHOR, o Deus de Israel: Dizei ao homem que vos enviou a mim: ¹⁶Assim diz o SENHOR: Eis que trarei males sobre este lugar e sobre os seus moradores, a saber, todas as palavras do livro que leu o rei de Judá. ¹⁷Visto que me deixaram e queimaram incenso a outros deuses, para me provocarem à ira com todas as obras das suas mãos, o meu furor se acendeu contra este lugar e não se apagará.

Quando o rei Josias assumiu o poder e tornou-se rei, toda a nação de Israel vivia de maneira pecaminosa, então, Hulda agiu corajosamente para fazer essa dura advertência. Quando lemos outros versículos da Palavra de Deus, encontramos muitos profetas e outros homens que falavam em nome dele, e dessa maneira foram odiados e alguns, mortos. Exemplo disso foi quando Elias predisse uma grande seca, e o rei Acabe ficou tão irado que fez o profeta esconder-se para salvar a própria vida. Neste contexto, encontramos Hulda, que por seu amor e devoção ao Senhor expressou a verdade sem temor. Ela disse aos homens para falar ao rei o que o Senhor disse. Ela falou enfaticamente: *Assim diz o SENHOR.*

Ao lermos 2 Reis 22:18-20, vemos que o rei Josias reconheceu a necessidade de corrigir a vida pecaminosa de sua nação. Devido à reação deste rei, Hulda falou-lhe sobre a compaixão e perdão do Senhor:

> ¹⁸Porém ao rei de Judá, que vos enviou a consultar o Senhor, assim lhe direis: Assim diz o Senhor, o Deus de Israel, acerca das palavras que ouviste: ¹⁹Porquanto o teu coração se enterneceu, e te humilhaste perante o Senhor, quando ouviste o que falei contra este lugar e contra os seus moradores, que seriam para assolação e para maldição, e rasgaste as tuas vestes, e choraste perante mim, também eu te ouvi, diz o Senhor. ²⁰Pelo que, eis que eu te reunirei a teus pais, e tu serás recolhido em paz à tua sepultura, e os teus olhos não verão todo o mal que hei de trazer sobre este lugar. Então, levaram eles ao rei esta resposta.

O sumo sacerdote e os outros homens levaram ao rei a mensagem de Hulda. Isto demonstra o respeito que lhe dispensavam. Talvez tenham dito: "Talvez o rei não goste das coisas que ela disse que acontecerão; vamos encontrar outra pessoa para que dê as más notícias." Ou, eles poderiam ter tentado encontrar uma profecia mais favorável de alguma outra fonte.

A reação de Josias

Quando o rei ouviu a mensagem que Deus falou através de Hulda, convocou todo o povo — desde o mais insignificante até o mais importante — na casa do Senhor. Ele leu todas as palavras do Livro da Lei para a congregação. E para dar um exemplo, Josias fez uma promessa pública de obedecer a Deus. As pessoas uniram-se a ele em um solene pacto perante Deus, de seguir ao Senhor e guardar Seus mandamentos e decretos com todo coração e alma.

Em um período de crises no reino de Judá, Hulda foi uma mulher que vivia uma comunhão estreita com Deus e estava em condições de falar em nome dele. Ela teve coragem de fazê--lo com honestidade. Por meio de Hulda, o rei aprendeu o que ele e sua nação deveriam fazer para evitarem o julgamento e a punição que mereciam.

Pensamentos finais

A confiança de Hulda estava no Senhor Deus. Ainda hoje, Deus continua usando mulheres para expressar a verdade sem temor e com confiança nele. Davi, ancestral do rei Josias, conhecia a coragem que recebera por confiar no Senhor. Davi escreveu estes versículos no Salmo 27:1;14:

> ¹O Senhor é a minha luz e a minha salvação; de quem terei medo? O Senhor é a fortaleza da minha vida; a quem temerei? Espere no Senhor. Seja forte! Coragem! Espere no Senhor. [...] ¹⁴Espera pelo Senhor, tem bom ânimo, e fortifique-se o teu coração; espera, pois, pelo Senhor.

Peça a Deus para ajudá-la a viver confiando nele e a defender a Sua verdade e justiça.

Tópicos para discussão

1. Descreva os antecedentes de Hulda e a época em que ela viveu.
2. Que tipo de rei foi Josias?
3. Por que ele respeitou o conselho de Hulda?
4. De que maneira Hulda demonstrou coragem?
5. De que maneira Hulda foi exemplo de boa liderança?

Capítulo 14

Ester
Bela e corajosa rainha
Parte 1

DEUS INCLUIU EM SUA Palavra as vidas de diversas mulheres para que possamos aprender com elas. Nós mulheres, jamais devemos pensar que não somos importantes ou que Deus trabalha só por meio de homens. A mulher que estudaremos nas duas partes desta lição é um bom exemplo. Estudaremos a vida da rainha Ester. Há um livro no Antigo Testamento que leva seu nome. Somente outro livro, o de Rute, tem o nome de uma mulher como o centro da narrativa.

Antecedentes de Ester
O nome Ester significa estrela. Essa é uma boa descrição de sua vida porque ela foi uma luz que brilhou no meio de seu povo. Ester pertencia ao povo hebreu, que junto com sua

família, foi levado cativo aproximadamente 600 anos antes do nascimento de Cristo.

Seu pai chamava-se Abiail, e vivia em Susã, a capital real da Pérsia. Depois da morte de seus pais, ela foi adotada por seu primo Mordecai, um oficial do palácio, que se tornou seu tutor. Ester obedecia-lhe, mesmo após tornar-se rainha; ela seguia os conselhos de Mordecai.

O livro de Ester

O livro de Ester tem uma característica que se destaca entre os livros da Bíblia. Este livro e o Cântico dos Cânticos de Salomão compartilham o fato de não mencionarem uma única vez a palavra "Deus". Sem dúvida, à medida que você lê esta história dinâmica, é perfeitamente perceptível ver Deus controlando e cumprindo Sua vontade e propósito divino.

O nome de Ester aparece 55 vezes no livro que leva seu nome. Nenhum nome de mulher é mencionado tantas vezes na Bíblia.

O livro de Ester ainda é lido pelos judeus nas sinagogas de todo o mundo durante cada ano, em meados de março para a Festa de Purim. Neste estudo de Ester, entenderemos por que esta festa é tão importante para o povo judeu.

Ester é escolhida como rainha

Nós presumimos que Ester vivia tranquilamente com seu primo Mordecai. Durante esse tempo, Xerxes era o rei da Pérsia (seu nome em hebreu era Assuero), e reinava sobre 127 províncias, da Índia a Etiópia.

O rei Xerxes deu um grande banquete a todos os seus nobres e oficiais. Durante 180 dias ele demonstrou as riquezas de seu vasto império. Terminado esses dias, o rei ofereceu um banquete aos seus líderes militares, príncipes e nobres, o qual durou sete dias. Enquanto isso, a rainha Vasti também oferecia um banquete às mulheres da nobreza. No sétimo dia, quando o rei e os homens estavam alegres devido ao excesso de comida e vinho, o rei Xerxes ordenou que a rainha Vasti viesse à presença dos homens. Ele queria que ela usasse a coroa real e mostrasse sua beleza diante deles. Esta aparição era totalmente contra os costumes das mulheres persas. Elas geralmente eram mantidas escondidas dos olhos de homens desconhecidos.

A rainha recusou-se a aparecer diante de homens bêbados naquela festa, o que enfureceu e indignou o rei. Esta recusa motivou Xerxes a consultar especialistas em questões de direito e justiça, perguntando-lhes como deveria proceder. Eles o convenceram de que a conduta da rainha Vasti tornar-se-ia conhecida por todas as mulheres em todo o império, e todas as mulheres começariam a desobedecer seus maridos, provocando desrespeito e discórdia. Os conselheiros do rei Xerxes sugeriram que ele emitisse um decreto, dizendo que Vasti nunca mais compareceria a presença do rei, e que se iniciaria a busca por uma nova rainha. O livro de Ester 2:2-4,8-9 relata o acontecido:

> ²Então, disseram os jovens do rei, que lhe serviam: Tragam-se moças para o rei, virgens de boa aparência e formosura. ³Ponha o rei comissários em todas as províncias do seu reino, que reúnam todas as moças virgens, de boa aparência e formosura, na cidadela de Susã, na casa das mulheres, sob as vistas de Hegai, eunuco

do rei, guarda das mulheres, e deem-se-lhes os seus unguentos. ⁴A moça que cair no agrado do rei, essa reine em lugar de Vasti. Com isto concordou o rei, e assim se fez. [...] ⁸Em se divulgando, pois, o mandado do rei e a sua lei, ao serem ajuntadas muitas moças na cidadela de Susã, sob as vistas de Hegai, levaram também Ester à casa do rei, sob os cuidados de Hegai, guarda das mulheres. ⁹A moça lhe pareceu formosa e alcançou favor perante ele; pelo que se apressou em dar-lhe os unguentos e os devidos alimentos, como também sete jovens escolhidas da casa do rei; e a fez passar com as suas jovens para os melhores aposentos da casa das mulheres.

Parece que Ester encontrou favor aos olhos do representante do rei, mesmo antes de aparecer na frente do próprio rei. Ela recebeu o melhor de tudo o que havia e alojamento especial. Finalmente chegou o dia que Ester se apresentou perante o rei. A Bíblia continua o relato no livro de Ester 2:15-17:

> ¹⁵Ester, filha de Abiail, tio de Mordecai, que a tomara por filha, quando lhe chegou a vez de ir ao rei, nada pediu além do que disse Hegai, eunuco do rei, guarda das mulheres. E Ester alcançou favor de todos quantos a viam. ¹⁶Assim, foi levada Ester ao rei Assuero, à casa real, no décimo mês, que é o mês de tebete, no sétimo ano do seu reinado. ¹⁷O rei amou a Ester mais do que a todas as mulheres, e ela alcançou perante ele favor e benevolência mais do que todas as virgens; o rei pôs-lhe na cabeça a coroa real e a fez rainha em lugar de Vasti.

Ester deve ter sido uma jovem muito bonita. Apesar de ter sido coroada como rainha em um dos impérios mais poderosos, ela não se orgulhou. Aprendeu a usar seu poder sabiamente. A sabedoria de Ester crescia à medida que seguia os conselhos de seu primo. Lemos isto claramente no livro de Ester 2:20: *Ester havia mantido segredo sobre seu povo e sobre a origem de sua família, conforme a ordem de Mordecai, pois continuava a seguir as instruções dele, como fazia quando ainda estava sob sua tutela.*

Por que foi tão importante Ester não revelar sua verdadeira identidade? Ao escolher Ester como sua rainha, o rei Xerxes estava agindo contra a lei persa. A lei estabelecia ao rei o dever de casar-se com uma mulher que pertencesse a uma das grandes sete famílias persas, com o objetivo de preservar a linhagem real. Deus estava no controle, conduziu os acontecimentos, usou Mordecai para ajudar Ester a manter o segredo de sua identidade, até o momento que Deus considerou oportuno.

Pensamentos finais

Podemos aprender com Ester até este ponto da história. Vemos que ela foi uma mulher que obedecia a seu tutor. Nós também devemos respeitar aqueles que Deus coloca como autoridade sobre nós, como nossos pais e outras pessoas que fazem parte do nosso dia-a-dia quando somos jovens, e também àqueles a quem prometemos lealdade, como nossos maridos.

É muito importante ensinarmos nossos filhos a obedecerem às autoridades justas. Se Ester não tivesse obedecido a seus pais, seria muito difícil submeter-se à autoridade de Mordecai. Fazemos um enorme bem aos nossos filhos ensinando-lhes a importância da obediência. A Bíblia adverte em Efésios 6:1-2:

¹Filhos, obedecei a vossos pais no Senhor, pois isto é justo. ²Honra a teu pai e a tua mãe (que é o primeiro mandamento com promessa).

Tópicos para discussão
1. O que encontramos de incomum no livro de Ester?
2. Descreva os antecedentes de Ester.
3. Sob quais circunstâncias Ester tornou-se rainha?
4. Por que Ester não podia revelar sua nacionalidade?
5. Qual a importância de ensinarmos nossos filhos a obedecer às autoridades?

Capítulo 15

Ester
Bela e corajosa rainha
Parte 2

Em nossa lição anterior estudamos sobre os antecedentes de Ester e a maneira como ela foi escolhida como rainha. Também vimos sobre sua obediência a seu primo Mordecai.

Ao continuar sua história, veremos como arriscou sua vida para salvar a vida de seu povo, os judeus. Ester demonstrou sabedoria, autocontrole e a capacidade de colocar os interesses de outras pessoas na frente dos seus — lições e exemplos que devemos seguir.

Ester toma conhecmento do plano perverso de Hamã
De acordo com o capítulo 4 do livro de Ester, a rainha foi informada por suas criadas que Mordecai estava vestido de pano de saco e coberto por cinzas — sinal de pranto e amargura. Ester enviou seus criados para perguntarem a Mordecai

o que estava acontecendo de errado. Ela soube que havia um homem chamado Hamã que estava planejando a destruição de todos os judeus. O rei havia promovido Hamã e dera-lhe a posição mais elevada sobre todos os outros oficiais. Todos os oficiais do reino se curvavam e se prostravam rendendo honras a Hamã, conforme as ordens do rei, porém, Mordecai se negava. Como judeu, Mordecai acreditava que somente Deus era digno de receber honra daquele modo. Por causa disso, Hamã odiava Mordecai. Como Hamã tinha proximidade com o rei, ele o convenceu para que emitisse um decreto para exterminar os judeus. Entretanto, o rei não sabia que sua própria esposa pertencia à descendência judaica.

O conselho de Mordecai a Ester

Mordecai instruiu Ester para que ela fosse à presença do rei implorar por misericórdia e interceder em favor do seu povo. Ester disse a seu primo que ela não podia fazer isso, porque existia uma lei afirmando que qualquer homem ou mulher que se apresentasse ao rei sem ter sido convocado seria condenado à morte. Lemos a resposta de Mordecai no livro de Ester 4:13-17:

> [13]Então, lhes disse Mordecai que respondessem a Ester: Não imagines que, por estares na casa do rei, só tu escaparás entre todos os judeus. [14]Porque, se de todo te calares agora, de outra parte se levantará para os judeus socorro e livramento, mas tu e a casa de teu pai perecereis; e quem sabe se para conjuntura como esta é que foste elevada a rainha? [15]Então, disse Ester que respondessem a Mordecai: [16]Vai, ajunta a todos

os judeus que se acharem em Susã, e jejuai por mim, e não comais, nem bebais por três dias, nem de noite nem de dia; eu e as minhas servas também jejuaremos. Depois, irei ter com o rei, ainda que é contra a lei; se perecer, pereci. [17]Então, se foi Mordecai e tudo fez segundo Ester lhe havia ordenado.

Perceba o quanto Ester e Mordecai se amavam e se respeitavam. Eles trabalhavam juntos. Ester, corajosamente e sem egoísmo, concordou com o desafio que seu primo propôs. Mas, sabendo do perigo que corria, e a importância do compromisso, ela pediu que os judeus orassem e jejuassem em favor dela. Ester nos ensina três importantes lições:

- Quando nos deparamos com circunstâncias difíceis, é melhor que busquemos um conselho sábio, tal como Ester que buscou e recebeu conselhos de Mordecai.
- Ester reconheceu o valor em assegurar a cooperação mediante a oração e jejum daqueles que compartilhavam sua fé, antes de iniciar a difícil tarefa.
- Ester demonstra como devemos usar a posição em que Deus nos colocou para influenciar e ajudar o Seu povo, ao invés de tentar proteger nossos interesses egoístas.

Ester estava disposta a negar-se a si mesma em benefício do seu povo. Sua vida é um grande exemplo de como Deus pode trabalhar através das mulheres.

Ester coloca sua vida em perigo

Depois de jejuar e orar, Ester preparou-se e foi ao encontro do rei. O livro de Ester 5:2-5 descreve o que aconteceu:

²Quando o rei viu a rainha Ester parada no pátio, alcançou ela favor perante ele; estendeu o rei para Ester o cetro de ouro que tinha na mão; Ester se chegou e tocou a ponta do cetro. ³Então, lhe disse o rei: Que é o que tens, rainha Ester, ou qual é a tua petição? Até metade do reino se te dará. ⁴Respondeu Ester: Se bem te parecer, venha o rei e Hamã, hoje, ao banquete que eu preparei ao rei. ⁵Então, disse o rei: Fazei apressar a Hamã, para que atendamos ao que Ester deseja. Vindo, pois, o rei e Hamã ao banquete que Ester havia preparado.

Quando o rei e Hamã chegaram ao banquete de Ester, ela os convidou para um segundo banquete.

Certamente, o Senhor a guiou em sua hesitação. Na noite entre os dois banquetes, o rei não conseguiu dormir, e ordenou que trouxessem o livro das crônicas do seu reinado, e que o lessem para ele. Descobriu que Mordecai o salvara de um possível assassinato e que ele nunca tinha recebido qualquer honra e reconhecimento por sua lealdade.

Foi esta a razão do primeiro banquete não ter sido o momento conveniente para Ester contar ao rei sobre o plano de Hamã. A maioria das pessoas, mas, especialmente as mulheres, acham difícil esperar pelo tempo estabelecido por Deus. Queremos que tudo aconteça de imediato. Entretanto, saber esperar é importante para o nosso crescimento espiritual como cristãs. Deus é soberano e tem controle absoluto do tempo. Nós estaríamos eliminando muitos contratempos se aprendêssemos esta verdade.

Ester revela a perversidade de Hamã

Ao concluirmos esta história, lemos no livro de Ester 7:2-6,10 o que aconteceu no segundo banquete que Ester preparou para o rei e Hamã:

> ²No segundo dia, durante o banquete do vinho, disse o rei a Ester: Qual é a tua petição, rainha Ester? E se te dará. Que desejas? Cumprir-se-á ainda que seja metade do reino. ³Então, respondeu a rainha Ester e disse: Se perante ti, ó rei, achei favor, e se bem parecer ao rei, dê-se-me por minha petição a minha vida, e, pelo meu desejo, a vida do meu povo. ⁴Porque fomos vendidos, eu e o meu povo, para nos destruírem, matarem e aniquilarem de vez; se ainda como servos e como servas nos tivessem vendido, calar-me-ia, porque o inimigo não merece que eu moleste o rei. ⁵Então, falou o rei Assuero e disse à rainha Ester: Quem é esse e onde está esse cujo coração o instigou a fazer assim? ⁶Respondeu Ester: O adversário e inimigo é este mau Hamã. Então, Hamã se perturbou perante o rei e a rainha. [...] ¹⁰Enforcaram, pois, Hamã na forca que ele tinha preparado para Mordecai. Então, o furor do rei se aplacou.

Vemos como Ester salvou a vida de todos os judeus, inclusive a sua. Quando os judeus que povoavam o império souberam de como Ester havia salvado suas vidas, houve grande alegria e júbilo da parte deles. Eles ainda celebram essa libertação com um evento muito especial, chamado Festa de Purim.

Depois da morte de Hamã, a rainha Ester e Mordecai ganharam mais respeito do que antes aos olhos do rei e foram recompensados com maior autoridade. O Senhor usou o testemunho de Ester para o rei sobre o plano contra os judeus para salvá-los. No início, Ester não sabia se o rei a receberia ou não, mas foi falar com ele porque esta era a atitude correta que devia ter. É muito importante que sejamos fiéis em nosso testemunho. Não sabemos como ou quando alguém reagirá ao nosso testemunho para o Senhor.

Pensamentos finais

Ester foi autêntica perante sua família e seu povo. Na hora da crise, ela não se envergonhou de sua raça e não se esqueceu do seu povo. Algumas mulheres tentam esconder ou ocultar suas raízes, especialmente se existe algo negativo em seus antecedentes que não gostariam de compartilhar. É triste dizer, mas quando Deus abençoa algumas mulheres com riquezas e bens, elas se esquecem de suas famílias e do lugar onde cresceram. Algumas chegam ao extremo de negar seus próprios pais e se negam a lembrar de sua origem humilde.

Ester não era assim. Ela arriscou sua própria vida para salvar o povo judeu. Cada uma de nós, mulheres cristãs, devemos pensar em nossas famílias, como também em nossos irmãos e irmãs na família de Deus. Se como Ester, estivermos dispostas a permitir que Deus nos use onde Ele nos colocar, a igreja será muito mais forte e feliz.

O testemunho de Ester ao rei da Pérsia demonstrou seu amor pelo seu povo. Do mesmo modo, a forma pela qual tratamos o povo de Deus é um testemunho da nossa fé. Precisamos pedir ao Senhor que nos ajude a compreender como demonstrar o amor dele em qualquer circunstância que nos encontremos. Paulo escreveu em Gálatas 6:2: *Levai as cargas uns dos outros e, assim, cumprireis a lei de Cristo.*

Podemos resumir a vida de Ester dizendo que foi uma vida de serviço e coragem ao enfrentar o temor, de inteligência e profundo discernimento e prudência. Precisamos nos questionar se estas mesmas palavras poderiam ser ditas sobre nós.

Tópicos para discussão

1. Qual foi a reação de Ester ao perceber que sua vida estava em perigo?
2. Mencione três lições que podemos aprender com a vida de Ester.
3. Como podemos perceber as bênçãos de Deus na vida de Ester?
4. Por que é tão difícil esperar o tempo de Deus?
5. Por que os judeus continuam a celebrar a Festa de Purim?

Capítulo 16

A mulher de Jó

A mulher observadora

As provações de Jó são o tema de um dos livros mais antigos da Bíblia. Jó submeteu-se a severas provas e seu sofrimento era físico, emocional e mental. Porém, Jó jamais negou sua fé em Deus. Sua fé tem sido um grande exemplo para os cristãos em todas as partes até o tempo presente.

Antecedentes da história

No primeiro capítulo de Jó, lemos que ele era um homem rico que temia a Deus e andava retamente. Ele e sua esposa tinham sete filhos e três filhas. Jó, fielmente oferecia sacrifícios a Deus em favor de sua família. Ele dizia: *Talvez tenham pecado os meus filhos e blasfemado contra Deus em seu coração.* Do ponto de vista humano, não se podia encontrar nenhuma falha em Jó.

A mulher de Jó

Lemos no livro de Jó 1:6-12 uma conversa fascinante. Satanás disse a Deus que a única razão pela qual Jó era tão justo e fiel, era porque Deus o abençoara muito. Se todas as bênçãos lhe fossem tiradas, Jó certamente amaldiçoaria Deus — Satanás assim pensou.

Deus, em sua perfeita sabedoria e conhecimento, disse a Satanás que permitiria que ele fizesse qualquer coisa, exceto tirar a vida de Jó. Deus tinha dois propósitos ao permitir que Satanás provasse Jó:

- mostrar que Satanás estava equivocado quanto ao caráter de Jó e seus motivos para servir a Deus; e,
- usar a provação para atrair Jó mais perto dele.

Nossa história começa no livro de Jó 1:13-19,22. Lembre-se, que qualquer coisa que viesse ocorrer a Jó, impactaria toda sua família, inclusive sua esposa:

> [13]Sucedeu um dia, em que seus filhos e suas filhas comiam e bebiam vinho na casa do irmão primogênito, [14]que veio um mensageiro a Jó e lhe disse: Os bois lavravam, e as jumentas pasciam junto a eles; [15]de repente, deram sobre eles os sabeus, e os levaram, e mataram aos servos a fio de espada; só eu escapei, para trazer-te a nova. [16]Falava este ainda quando veio outro e disse: Fogo de Deus caiu do céu, e queimou as ovelhas e os servos, e os consumiu; só eu escapei, para trazer-te a nova. [17]Falava este ainda quando veio outro e disse: Dividiram-se os caldeus em três bandos, deram sobre os camelos, os levaram e mataram aos servos a fio de espada; só eu escapei, para trazer-te a nova. [18]Também

este falava ainda quando veio outro e disse: Estando teus filhos e tuas filhas comendo e bebendo vinho, em casa do irmão primogênito, ¹⁹eis que se levantou grande vento do lado do deserto e deu nos quatro cantos da casa, a qual caiu sobre eles, e morreram; só eu escapei, para trazer-te a nova. [...] ²²Em tudo isto Jó não pecou, nem atribuiu a Deus falta alguma.

A mulher de Jó

O que aconteceu com a mulher de Jó? Como acontece frequentemente nas Escrituras, não sabemos o nome dela. As provações de Jó e sua reação diante delas, são sempre temas de discussão e pregações, mas, nós quase nunca pensamos sobre sua esposa. Sabemos que de igual modo, ela foi profundamente afetada pelo que aconteceu com seu marido. Ela também perdeu tudo. Era esposa de um homem rico. Vivia em abundância, sem necessidades. Não somente perdeu repentinamente toda sua fortuna, mas também sofreu com a morte de *todos* os seus filhos. Carregou todos os dez filhos em seu ventre e os viu crescer. Agora estavam todos mortos!

Se você conhece alguém que experimentou a morte de um filho, certamente sabe o quanto isso é difícil. Somente podemos imaginar a profunda tristeza que a mulher de Jó sentiu com a perda de *todos* os seus filhos.

Como se não fosse suficiente, Satanás continuou atormentando Jó. O próximo ataque afetou o corpo de Jó com feridas e tremendas dores. Geralmente, é mais fácil suportar nossa própria dor do que permanecer ao lado de pessoas que amamos, somente observando seu sofrimento e sem poder ajudá-las.

A mulher de Jó

Neste ponto, quando ela viu o quanto Jó estava sofrendo, sua fé em Deus foi abalada. Em sua dor, ela grita ao seu marido: *Ainda conservas a tua integridade? Amaldiçoa a Deus, e morre* (Jó 2:9).

Se nós estivéssemos no lugar da esposa de Jó, creio que teríamos nos sentido exatamente como ela. Mas é claro, que sua reação não se justifica. Na verdade, ela instava seu marido para que amaldiçoasse Deus! Talvez ela tenha pensado que se Jó amaldiçoasse Deus, ele morreria de um modo fulminante e não sofreria mais.

A resposta que seu marido lhe deu está relatada no livro de Jó 2:10: *Falas como qualquer doida; "Temos recebido o bem de Deus, e não receberíamos também o mal?" Em tudo isto Jó não pecou com os seus lábios.*

A Bíblia não diz qual foi sua reação, mas a fé deste servo pode ter ajudado sua mulher em seu momento de fraqueza. Observe que, apesar de sua fé ter falhado exatamente quando seu marido mais precisava de sua ajuda, ela permaneceu ao lado dele. Ela não o deixou sofrer sozinho, nem tampouco se divorciou dele. Permaneceram casados durante esta extrema provação.

O livro de Jó 19:17 narra o lamento de Jó, pois até o seu hálito era intolerável à sua mulher. Ela deve ter se aproximado perto o suficiente para perceber os aspectos colaterais de sua provação; seu corpo enfermo tornava seu hálito horrível. Certamente, ela tentou confortar Jó e ajudá-lo com tudo que estava ao seu alcance.

As bênçãos de Deus são restauradas

A Bíblia completa a narração. Quando o período de prova de Jó chegou ao fim e Deus disse que ele havia sofrido o suficiente.

Jó manteve-se fiel a Deus, provando, vitoriosamente a Satanás que suas acusações eram erradas.

Deus, em seu amor, restaurou a saúde e as riquezas de Jó. No livro de Jó 42:12-15, lemos que Deus abençoou Jó e sua esposa com mais riquezas materiais do que possuíam antes. Também lhes deu sete filhos e três filhas, e suas filhas eram as mulheres mais bonitas daquela região.

O livro de Jó, não menciona sua esposa nos capítulos finais, mas ela provavelmente esteve presente para compartilhar a alegria de ver todas as bênçãos de Deus sobre seu lar mais uma vez.

Pensamentos finais

O livro de Jó nos ensina muitas coisas. Embora os acontecimentos tenham sucedido principalmente a Jó, sua esposa esteve ao seu lado todo o tempo. Vemos que as bênçãos abundantes foram frequentemente seguidas por severas provações. Às vezes, quando estamos passando por provações, não compreendemos. Deprimimo-nos e pensamos que Deus nos esqueceu e jamais nos abençoará, o que não é verdade.

Às vezes, uma provação é também uma bênção. Deus, que conhece todos os aspectos de nossas vidas, pode usar as provações para nos limpar de falhas invisíveis. Ao término delas, nossas vidas são mais belas, nossos testemunhos mais poderosos e nossas orações mais profundas, pois as misericórdias de Deus permitiram que fôssemos provadas.

Jó deve ter compreendido este conceito, ao escrever estas palavras, no capítulo 23:10: *Mas ele sabe o meu caminho; se ele me provasse, sairia eu como o ouro.*

A mulher de Jó

As joias de ouro são muito apreciadas em todo o mundo. Porém, antes de se converter em belos objetos aos nossos olhos, o ouro deve ser submetido a altas temperaturas para suas impurezas serem eliminadas. Somente então o ouro pode ser convertido em formosas joias admiradas por homens e mulheres.

É encorajador saber que Deus está no controle e tem o conhecimento de todas as coisas. Nada pode acontecer em nossas vidas sem que Ele saiba e permita. Em 1 Coríntios 10:13, lemos esta promessa: *Não vos sobreveio tentação que não fosse humana; mas Deus é fiel e não permitirá que sejais tentados além das vossas forças; pelo contrário, juntamente com a tentação, vos proverá livramento, de sorte que a possais suportar.*

Não importam quais sejam as nossas circunstâncias, devemos agir como Jó e, provavelmente, como sua esposa também o fez. Adoremos a Deus e digamos: Bendito seja o nome do Senhor (Jó 1:21).

Tópicos para discussão
1. Por que Deus permitiu que Satanás trouxesse sofrimento a Jó, sua esposa e família?
2. Descreva brevemente os sofrimentos da esposa de Jó.
3. Por que a fé da esposa de Jó foi abalada?
4. De que maneira o compromisso matrimonial dessa mulher nos serve de exemplo?
5. Ao lembrar-se de suas próprias provações, de que maneira você reagiu a elas? Você seguiu o exemplo de Jó?